Traces de l'enfer

Petits Classiques
DU XXIe SIÈCLE
LAROUSSE

Traces de l'enfer

Ida
Grinspan

Henri
Borlant

Transcription des interviews
par Jean-Paul VIART.
Édition présentée et commentée
par Alexis LIGUAIRE, docteur ès lettres.

Direction de la publication : Carine GIRAC-MARINIER
Direction éditoriale : Claude NIMMO
Édition : Laurent GIRERD
Lecture-correction : Élisabeth LE SAUX
Direction artistique : Uli MEINDL
Couverture et maquette intérieure : Serge CORTESI,
Sophie RIVOIRE, Uli MEINDL
Mise en page : Philippe CAZABET, Marie-Noëlle TILLIETTE
Responsable de fabrication : Marlène DELBEKEN

ISBN : 978-2-03-591344-9

Sommaire

Traces de l'enfer

Pour approfondir

Les auteurs

Ida Grinspan : du rêve au cauchemar

Ida Grinspan, née Fensterszab, naît à Paris le 19 novembre 1929. Ses parents sont des émigrés polonais. Les Fensterszab sont une famille sans histoires, travaillant dur pour vivre et cherchant à s'intégrer au mieux. Ida suit une scolarité normale et, le jeudi, fréquente le patronage[1] où elle s'exerce au théâtre. En juin 1940, alors que les Allemands pénètrent dans Paris, ses parents l'envoient par précaution dans un petit village des Deux-Sèvres. Ida y vit heureuse durant près de dix-huit mois. Dans la nuit du 30 au 31 janvier 1944, trois gendarmes français viennent l'arrêter. C'est la fin de l'innocence et le début du cauchemar.

La plongée en enfer

Ida, qui n'a pas encore 15 ans, est alors prise dans l'implacable engrenage de la déportation. C'est le transfert de Niort (préfecture des Deux-Sèvres) au camp de Drancy (dans la banlieue parisienne), puis la déportation vers Auschwitz. L'« enfer » commence « dès le transport ». Auschwitz, Birkenau, Ravensbrück, Neustadt : quinze mois durant, Ida vit dans les camps de la mort, où une déshumanisation systématique des déportés accompagne leur extermination méthodique (sur l'analyse des mécanismes mis en œuvre, voir pp. 120-121).

Vivre pour témoigner et alerter

Le 2 mai 1945, Ida est libre, mais elle est psychologiquement brisée et dans un état de santé précaire. N'ayant pas la possibilité de reprendre ses études malgré le désir qu'elle en a, elle s'installe chez son frère et travaille avec lui dans la couture et la confection à domicile. En 1953, elle se marie et, huit ans plus tard, donne naissance à une fille, Sophie. Elle divorce en 1980 et s'oriente vers la vente. À partir des années 1990,

1. Organisation qui veille sur les enfants, particulièrement en leur proposant des loisirs pendant les congés.

Ida consacre la quasi-totalité de son temps à témoigner de ce que fut la monstrueuse folie nazie en multipliant les interviews et les conférences dans les collèges et les lycées, à la fois pour accomplir un devoir de mémoire et pour alerter les jeunes générations sur les dangers de l'antisémitisme et du racisme.

Henri Borlant : de la cache à l'arrestation

Henri Borlant naît à Paris le 5 juin 1927. Il est petit-fils d'émigrés russes venus s'installer en France dès 1912. Fils d'un tailleur et d'une mère couturière, il grandit dans le XIIIe arrondissement de Paris. « Nous étions une famille française », dit-il simplement.

Pendant la guerre, Henri prend conscience qu'il est juif, avant d'être français. Réfugié dès le début des hostilités dans le Maine-et-Loire, où il mène une vie plutôt calme, il est baptisé parce qu'« il valait mieux ne pas être juif » (p. 70). Le 15 juillet 1942, les Allemands l'arrêtent avec son frère Bernard, sa sœur Denise, puis son père. C'est la déportation.

Dans les camps de la mort

Auschwitz, Birkenau, Sachsenhausen, Orianenburg, Ohrdruf : Henri Borlant passe vingt-huit mois dans les camps d'extermination et quatre mois et demi dans différents camps, établissant ainsi un tragique record de longévité. Profitant de la confusion que provoque chez les nazis l'avancée alliée, il s'évade d'Ohrdruf, avant d'être pris en charge par les Américains le 5 avril 1945.

Soigner et témoigner

Le retour à la liberté le laisse avide de vivre mais, comme beaucoup d'autres, sans ressources. Il a 18 ans et sait à peine écrire. Bénéficiant de bourses, il entreprend alors des études médicales, entrecoupées de séjours en sanatorium pour soigner la tuberculose dont il souffre.

En 1956, il obtient son diplôme de médecin. Marié à une Allemande, Henri Borlant a quatre filles. Dans les années 1990, il s'engage aux côtés d'Annette Wieviorka dans l'association « Témoignages pour mémoire », puis au sein de la Fondation pour la mémoire de la déportation. Plus tard, il rejoint la Fondation pour la mémoire de la Shoah.

À retenir

Ida Grinspan, née en 1929, et Henri Borlant, né en 1927, sont tous deux des enfants d'émigrés juifs qui grandissent dans des familles avant tout désireuses de s'intégrer. Tous deux connaissent l'enfer des camps d'extermination, dont ils réchappent presque miraculeusement. De retour en France, ils mènent une existence apparemment normale : elle est couturière, il est médecin, ils fondent chacun de leur côté une famille. Ils sont en réalité hantés, rongés par ce qu'ils ont vécu ; de là leur inlassable volonté de témoigner pour que plus jamais ne se reproduisent de telles monstruosités.

Les témoignages

Ida Grinspan et Henri Borlant sont, chacun à leur façon, les auteurs d'une œuvre unique : ils témoignent de ce qu'ils ont vécu dans les camps d'extermination. Et ils le font de trois manières différentes, mais complémentaires : par l'écrit, par l'image et par la parole.

Témoigner par l'écrit

Ni l'un ni l'autre ne sont des écrivains de métier. Ida Grinspan a 73 ans quand, en 2002, elle fait paraître *J'ai pas pleuré*, coécrit avec Bertrand Poirot-Delpech. Henri Borlant en a 84 quand il publie, en 2011, *Merci d'avoir survécu*. La rédaction tardive de ces deux livres – près de soixante-dix ans après la fin de la Seconde Guerre mondiale – s'explique pour, au moins, trois raisons. À leur sortie des camps, Ida Grinspan et Henri Borlant ont dû se reconstruire et se réinsérer socialement. Ce fut douloureux et difficile. Écrire n'était pas leur préoccupation première. En outre, ils ont longtemps hésité à parler : « Ce n'était pas racontable », dit Henri Borlant. Longtemps aussi, nombre de gens n'étaient pas prêts à les entendre : comment croire à l'inimaginable ? La libération de la parole fut lente et progressive. C'est donc au soir de leur vie que, mus par un sentiment d'urgence, ils ont confié leurs souvenirs au papier. Les pages que l'on va lire sont la transcription intégrale de ces souvenirs recueillis dans *Traces de l'enfer*, recueil de récits de six rescapés des camps de concentration, publié au printemps 2015.

Témoigner par l'image

L'écrit n'est pas le seul support que l'un et l'autre utilisent – dans le cas d'Henri Borlant, c'est même chronologiquement le dernier, dans la mesure où l'image a précédé l'écriture. Le Mémorial de la Shoah conserve en effet leurs témoignages filmés, disponibles en vidéo. En 2005, le cinéaste Patrick Rotman a réalisé *Les Survivants*, film dans lequel il donne, images d'archives à l'appui, la parole à plusieurs rescapés, dont Henri Borlant et Ida Grinspan. Le récit d'Ida, quant à lui, fait l'objet de plusieurs DVD (dont *Ida Grinspan : la Shoah ou la vie* et *Mémoire demain*), réalisés notamment par le Cercle d'étude de la déportation et de la Shoah ou encore par le réseau Canopé de Poitiers. Le site TV, à visée pédagogique et accessible à tous, présente quatorze récits de rescapés d'Auschwitz, dont celui d'Ida Grinspan, qui raconte les dernières semaines précédant l'arrivée libératrice de l'armée soviétique (voir www.lesite.tv).

Témoigner par la parole

Depuis plus de vingt ans, Ida Grinspan et Henri Borlant n'ont cessé, souvent chacun de leur côté, de multiplier les interviews, les conférences et les rencontres. Ils vont tout particulièrement dans les collèges et les lycées, aussi bien en France qu'à l'étranger, pour raconter ce que fut l'enfer des camps d'extermination. Parfois, même, ils accompagnent des groupes d'élèves à Auschwitz-Birkenau pour leur expliquer ce qu'étaient réellement ces camps. Il est à la fois facile et impossible d'imaginer l'émotion qui les saisit quand ils reviennent sur les lieux mêmes où les nazis avaient programmé leur mort dans les pires souffrances. Quant aux élèves, comment ne seraient-ils pas à leur tour bouleversés et poussés à la réflexion en compagnie de tels guides ?

Ces trois manières de témoigner – par l'écrit, par l'image et par la parole – procèdent d'une même démarche et forment en définitive une seule et même œuvre. Preuve en est le titre qu'Henri Borlant a choisi de donner à son livre. Après une conférence qu'il avait donnée dans un lycée, un élève lui a en effet écrit : « Merci d'avoir survécu. »

À retenir

Rescapés des camps de la mort, Ida Grinspan et Henri Borlant consacrent depuis longtemps leur vie à témoigner de ce que fut l'extermination des Juifs par les nazis. Ils le font par des livres, des films et des enregistrements vidéo, ainsi que par des conférences données dans les établissements scolaires. Parce qu'il relate ce qu'ils ont vu et enduré, leur témoignage est exceptionnel, bouleversant et porteur d'enseignements.

Pourquoi lire ces récits ?

Les témoignages des rescapés des camps d'extermination sont nombreux. Pourquoi lire plus particulièrement ceux d'Ida Grinspan et d'Henri Borlant ? Parce que leur force émotive est telle qu'elle nous impose de nous souvenir, de réfléchir et de demeurer en alerte.

Pour accomplir notre devoir de mémoire

« Seul survivant des 6 000 enfants juifs de France de moins de 16 ans déportés à Auschwitz en 1942 » (Serge Klarsfeld), Henri Borlant témoigne par devoir au nom et en mémoire de tous ceux qui ne sont pas revenus des camps : « Je n'ai pas le droit de me taire », écrit-il (p. 104). À Birkenau, Ida Grinspan s'entendait également dire : « Si vous rentrez, il faudra leur dire. Ils ne vous croiront pas, mais il faudra leur dire » (p. 57).

Ce devoir de mémoire s'impose aussi à nous qui n'avons connu ni la guerre ni les camps, et précisément parce que nous ne les avons pas connus. Ida Grinspan et Henri Borlant nous apprennent ce qui fut, ce qu'ils ont vu, vécu, enduré. Ils rapportent des faits. Leurs témoignages constituent un démenti cinglant aux révisionnistes et aux négationnistes – il en existe – qui tentent de minimiser la monstruosité des camps, voire d'en nier l'existence. À nous de ne pas oublier que le nazisme fut un système totalitaire qui mit au point la plus effroyable machine à tuer.

Pour nourrir notre réflexion

Cet Holocauste[2] soulève, par ailleurs, la question de l'homme et de sa nature. Que celui-ci soit capable de générosité, de solidarité et même de sacrifice est une évidence. Mais il est non moins évident qu'il est aussi, individuellement et collectivement, capable des pires crimes et atrocités. Dès lors, qu'est-ce donc que l'homme ? Quelles motivations,

2. Génocide des Juifs d'Europe perpétré par les nazis et leurs auxiliaires durant la Seconde Guerre mondiale. On dit aussi *Shoah*.

quel engrenage, quel fanatisme peuvent le pousser à commettre de telles monstruosités ? À s'avilir lui-même en exterminant les autres ?

Ces questions sont redoutables : elles sont impossibles à éluder. Elles le sont d'autant moins qu'avant de sombrer dans la barbarie nazie, l'Allemagne était l'un des phares de la culture européenne. Ses philosophes, ses musiciens, ses écrivains, ses peintres suscitaient intérêt et admiration. Rempart traditionnel contre la barbarie, la culture serait-elle parfois impuissante à la refouler ? À chacun de méditer et de répondre à ces interrogations en fonction de ses choix philosophiques, politiques et religieux.

Pour préserver notre avenir

Soixante-dix années se sont écoulées depuis la libération des camps. À quoi bon revenir sur ce passé ? pourrait-on objecter. Le devoir de mémoire ne risque-t-il pas de nous détourner du présent ? Et les interrogations qui l'accompagnent ne sont-elles pas trop abstraites, trop théoriques ? Loin de vouloir enfermer leurs lecteurs dans un passé tragique, Ida Grinspan et Henri Borlant nous alertent et nous demandent de rester en éveil.

Le nazisme et ses camps d'extermination ne sont pas nés du hasard, mais du racisme et de l'antisémitisme, du mépris de la dignité de l'homme – de tout homme. « Le danger totalitaire ne sera jamais écarté de façon certaine et définitive », constate Ida Grinspan (pp. 56-57). « La Shoah n'a, hélas, pas vacciné le monde », écrit de son côté Henri Borlant (p. 104). Et d'ajouter : « Nous, les survivants, témoignons aussi pour faire comprendre, en particulier aux jeunes, combien la démocratie est précieuse [...]. Je veux qu'on se rende compte jusqu'où peuvent mener la suppression des droits de l'homme et la fin de la démocratie » (p. 105). S'il fallait une raison, une seule, pour lire ces témoignages, celle-là suffirait amplement.

À retenir

Trois raisons majeures incitent à lire les récits d'Ida Grinspan et d'Henri Borlant. Fondés sur des faits incontestables, ils constituent des documents historiques exceptionnels. Leur lecture participe du devoir de mémoire. Celle-ci soulève la question de la nature de l'homme, capable, certes du meilleur, mais aussi du pire. Elle nous alerte sur les dangers du totalitarisme, du racisme et de l'antisémitisme.

L'entrée du camp d'Auschwitz-Birkenau.
Photographie prise en 1945.

Ida Grinspan

Déportée à 14 ans,
le 10 février 1944, par le convoi n° 68

« J'ai su très tôt ce que signifiait le mot "pogrom" »

Je m'appelle Ida Grinspan, née Fensterszab. Ma mère, Hélène, était d'Ostrów-Mazowiecki, près de Varsovie, en Pologne, et mon père, Jankiel, de Kopszywnice, une ville plus à l'est. Comme beaucoup de Juifs, ils avaient quitté la Pologne au début des années 1920 parce qu'il n'était plus possible de vivre dans un pays en proie à un antisémitisme viscéral et où sévissait une crise économique terrible. Comme beaucoup de Juifs, ils étaient venus s'installer en France parce qu'à cette époque, en Europe centrale, ce pays bénéficiait d'une incroyable aura. C'était pour eux, comme pour tant d'autres, le pays de la Révolution et des Droits de l'homme. Mes parents se sont rencontrés à Berlin en 1921, se sont mariés religieusement, puis se sont installés à Paris, dans le XIe arrondissement. En 1924, ils ont eu un fils. Je suis née cinq ans plus tard, le 19 novembre 1929.

Mes parents nous ont donné une éducation laïque. Mis à part quelques grandes fêtes traditionnelles, nous ne pratiquions pas la religion. Mais s'il y avait bien une chose qui nous rapprochait du judaïsme, c'était la langue. À la maison, avec mes parents, nous parlions le yiddish, même s'ils apprenaient le français. Ils nous emmenaient au théâtre yiddish rue de Lancry, dans le Xe arrondissement, mais aussi nous promener au bois de Vincennes…

Mon père était tailleur. Il travaillait à la maison et ma mère l'aidait. Quand nous rentrions de l'école, nous les trouvions à l'ouvrage. Après le dîner, ils se remettaient systématiquement au travail. Et même quand mon frère et moi étions au lit, ils continuaient à coudre à la main. Déjà toute petite, je me disais : « Comme ils travaillent dur ! »

Mes parents se félicitaient sans cesse d'avoir choisi la France comme terre d'asile et comme refuge. Mon père nous rappelait souvent la chance que nous avions de vivre dans un pays libre, une République. Il nous racontait qu'en Pologne, il y avait des métiers interdits aux Juifs, qu'ils étaient pillés et massacrés en toute impunité, sans que la police intervienne. J'ai su très tôt ce que signifiait le mot « pogrom »[1]. Mon père faisait tout pour s'intégrer au mieux. Comme mon frère et moi étions nés à Paris, nous avons acquis sans difficulté la nationalité française. Mais mes parents, eux, ne l'ont pas obtenue.

« Jamais je n'ai souffert d'antisémitisme »

La politique occupait beaucoup de place à la maison. L'avènement du Front populaire en 1936 a été pour ma famille un événement très important. Lors des manifestations, mon père m'emmenait défiler et me portait sur ses épaules. Un jour, alors que des gens criaient « Vive les Soviets ! », j'ai demandé à mon père : « Pourquoi disent-ils "Vive les serviettes" ? » « Les Soviets, pas les serviettes, Ida… » m'a-t-il répondu !

---

1. Le terme vient du russe *po*, qui exprime la totalité, et *gromit'*, qui signifie « détruire », « piller ». Un pogrom est un mouvement populaire antisémite encouragé ou toléré par les autorités et accompagné de pillages ou de massacres. Bien que le terme de pogrom apparaisse tardivement, les premiers pogroms massifs ont été le fait des croisés sur le chemin de Jérusalem, en 1096.

Mes parents et leurs amis parlaient beaucoup et avec anxiété de la montée de l'antisémitisme en Allemagne. Un jour, à la fin des années 1930, alors qu'ils étaient chez des amis, mes parents ont entendu Hitler hurler à la TSF. Je ne comprenais pas ce qu'il disait, mais ça m'angoissait. J'étais complètement terrorisée.

Les nouvelles d'Allemagne arrivaient aussi par des émigrés[2] venant de Berlin ou d'autres grandes villes, qui nous racontaient ce que les Juifs enduraient au quotidien[3]. Des journaux en parlaient également. Personne, en revanche, ne pensait que de telles choses pourraient un jour arriver en France.

Lorsque nous habitions dans le XIXe arrondissement, le jeudi, j'allais au patronage. On nous faisait apprendre des saynètes en yiddish que nous jouions dans de petites salles,

---

2. Dès 1933, avec l'arrivée au pouvoir des nazis, 37 000 Juifs quittent l'Allemagne. L'émigration se stabilise ensuite à un rythme de 25 000 personnes par an jusqu'en 1938. Près de la moitié des émigrants se fixent en Europe occidentale, un quart en Palestine, 30 000 en France et 95 000 aux États-Unis.

3. La persécution des Juifs d'Allemagne commence dès 1933. Le 7 avril, les Juifs sont chassés des professions libérales, de l'armée, de la justice, des métiers de la culture et de la presse. Un *numerus clausus* est instauré dans les universités. À partir du 15 septembre 1935, les unions et les relations sexuelles entre Juifs et non-Juifs sont interdites et les Juifs sont privés de leur citoyenneté. À partir du 26 mars 1938, les Juifs doivent déclarer la totalité de leur fortune aux autorités et, le 28, les mesures d'« aryanisation », autrement dit le licenciement du personnel juif et le transfert des activités possédées par des Juifs à des Allemands non juifs, s'intensifient. Les Juifs se voient interdire l'accès des écoles publiques et des universités ainsi que des cinémas, des théâtres et des centres sportifs. Il leur est également interdit de pénétrer dans les zones signalées comme zones « aryennes ».
En août, une loi impose l'ajout sur les passeports des prénoms « Sarah » et « Israël », puis le tamponnage sur les pièces d'identité de la lettre « J ».
Les Juifs arrêtés pour infraction à la loi purgent une peine de prison avant d'être généralement internés dans des camps de concentration.

devant nos parents. En 1937 ou 1938, j'ai tenu le rôle d'une élève à qui sa maîtresse disait : « Il faut que tu rentres chez toi, je ne peux plus te garder parce que tu es juive. » Ce fut terrible, même si j'étais très jeune... Je comprenais ce qu'il se passait, et ce qu'on pouvait faire aux enfants juifs comme moi.

Quand, en septembre 1939, la guerre a éclaté, l'inquiétude a encore grandi, mais j'étais trop jeune pour m'en rendre vraiment compte. Néanmoins, à l'école des filles où j'allais, dans le IXe arrondissement, jamais je n'ai souffert d'antisémitisme. Pourtant, j'avais un nom, Fensterszab, drôlement compliqué ! C'était un peu différent pour mon frère, qui était plus âgé. Dans son école des garçons, il entendait des réflexions antisémites. Un jour, il s'est même battu après s'être fait traiter de « sale Juif »...

Une enfant des Deux-Sèvres

Pour me préserver des bombardements, et des restrictions alimentaires, mes parents se sont dit que je serais sans doute mieux à la campagne. Au printemps 1940, un peu avant l'entrée des Allemands à Paris le 14 juin, ils m'ont donc envoyée chez Alice Marché, au Jeune-Lié, près de Melle, dans les Deux-Sèvres. Je la connaissais déjà puisque, avant la guerre, Clara Dembsky, ma cousine, atteinte de coqueluche, avait été envoyée chez elle par ses parents pour « changer d'air »[4]. Au tout début de la guerre, ma mère, mon

4. Clara, sa sœur et ses parents ont été cachés pendant toute la période de l'Occupation.

frère et moi y étions d'ailleurs allés, mais comme rien ne se passait, nous étions rentrés à Paris.

J'ai tout de suite été très bien acceptée au Jeune-Lié. Malgré l'absence de mes parents et de mon frère, qui, plus grand, était resté à Paris, je menais une vie agréable. J'ai repris le chemin de l'école, à Sompt, et, l'année d'après, j'ai même passé le certificat d'études avec succès !

Je revoyais mes parents de temps en temps. Ma mère est venue en 1941 au Jeune-Lié, et moi je suis allée à Paris aux vacances de Pâques 1942. Lors de ce séjour, ma mère, trouvant que j'étais à présent une grande fille, m'a emmenée chez le coiffeur et lui a demandé de couper mes boucles et de me faire une houppette sur le devant de la tête, coiffure alors très à la mode et qui d'un coup m'a vieillie...

Si les Allemands occupaient les Deux-Sèvres, je ne me souviens pas que leur présence ait été particulièrement pesante. Mais au début du mois de juin 1942, le climat a changé radicalement. Le maire du village, Monsieur Poupinot, m'a convoquée pour me donner trois étoiles jaunes[5] : « Voilà ce que j'ai reçu pour toi, mais aussi longtemps que je serai maire – il tapait avec son index sur la table –, tu ne les porteras pas ! » J'ai compris plus tard que le fait de me donner ces étoiles indiquait aux autorités qu'une Juive se trouvait à Lié.

Le courage dont le maire fit preuve ne pouvait malheureusement pas suffire. Mais sur le moment, comment aurait-il pu le savoir ? Quant à Alice, elle a insisté pour que je porte l'étoile sous ma blouse au cas où les gendarmes me contrôleraient.

---

5. La 8e ordonnance allemande ordonne à tous les Juifs de plus de 6 ans vivant en zone occupée le port visible d'une étoile jaune de David portant l'inscription « Juif ». Elle entre en vigueur le 7 juin 1942.

« Ce jour-là, j'ai découvert jusqu'où pouvait aller la persécution des Juifs »

Un mois plus tard, au mois de juillet 1942, mon père m'a appris dans une lettre l'arrestation de ma mère lors de la rafle qui eut lieu à Paris le 16 juillet, et durant laquelle des milliers de Juifs furent parqués au Vél'd'Hiv.

J'ai su plus tard que, le 15 juillet 1942, des inspecteurs de police consignés à la Préfecture s'étaient échappés et avaient prévenu quelques familles juives qu'une rafle aurait lieu le lendemain et qu'ils avaient ordre d'arrêter les hommes, les femmes et les enfants sans distinction d'âge. Le bouche-à-oreille avait très bien fonctionné et mes parents en avaient entendu parler grâce à des amis à eux, mais ma mère n'y avait pas cru. « Pourquoi arrêterait-on des femmes et des enfants ? » Elle avait eu en revanche très peur pour mon père et mon frère et avait insisté pour qu'ils aillent se cacher chez des voisins, une rue plus loin. Elle était restée à la maison et fut arrêtée le lendemain, à l'aube.

Tous ceux qui avaient échappé à la rafle[6] n'ont pas pu réintégrer leur appartement. Leur identité était connue et

---

6. L'opération « Vent printanier », dite rafle du Vél'd'Hiv, a lieu à Paris les 16 et 17 juillet 1942. René Bousquet, avec l'accord de Pierre Laval et du maréchal Pétain, met au service des Allemands les forces du préfet de police Amédée Bussière et du directeur de la police municipale, Émile Hennequin, soit 1 372 équipes de gardiens de la paix, renforcées de 1 916 policiers dans les arrondissements de l'Est parisien. Dès 4 heures du matin, au moins 7 000 fonctionnaires d'autorité semblent avoir été opérationnels. 50 autobus de la Compagnie des transports en commun de la région parisienne et 10 autocars aux vitres fermées sont réquisitionnés avec leur personnel.
Au total, 12 884 Juifs sont arrêtés en deux jours, soit 3 031 hommes, 5 802 femmes et 4 051 enfants. Le 20 juillet, ces chiffres s'élèvent à

les policiers pouvaient venir les chercher à tout moment. Ce jour-là, beaucoup de Parisiens n'ont rien fait, mais d'autres ont caché des familles entières. De nombreux enfants ont aussi été sauvés grâce aux Éclaireurs[7]. Mon père et mon frère ont pu, quant à eux, se réfugier chez des amis près de Montfermeil, en banlieue parisienne.

La nouvelle de l'arrestation de ma mère fut pour moi un choc terrible. Ce jour-là, j'ai découvert jusqu'où pouvait aller la persécution des Juifs. Je savais que beaucoup de choses leur étaient interdites, mais je ne savais pas qu'on les arrêtait ! Voyant ma détresse, les gens du village ont été très gentils avec moi et m'ont épaulée encore plus qu'ils ne le faisaient avant.

---

3 118 hommes, 5 919 femmes et 4 115 enfants, soit 13 152 personnes. Les autorités françaises décidèrent d'inclure les enfants – ce n'était pas encore une exigence allemande – afin de pallier le faible résultat de la rafle, qui devait, selon les promesses de Vichy et les prévisions des Allemands, toucher 22 000 Juifs. Elles ne savaient pas non plus que faire de ces enfants, dont les parents allaient être déportés.
Les personnes isolées et les couples sans enfants sont internés au camp de Drancy, tandis que les familles, soit 8 160 hommes, femmes et enfants, sont concentrées dans le vélodrome d'Hiver. Il est donc fort probable que la mère d'Ida ne soit pas passée par le Vél'd'Hiv.

7. Les Éclaireurs israélites de France (EIF) est un des plus grands mouvements de résistance juive. Il est créé par Robert Gamzon en 1923 et reprend les valeurs du scoutisme. À partir de septembre 1939, le mouvement accueille de nombreux enfants juifs évacués des centres urbains, ainsi que des enfants juifs de nationalité étrangère. Après les rafles de l'été 1942, les EIF évacuent les enfants dans des maisons d'enfants et participent notamment à l'évacuation de 108 enfants de Vénissieux libérés par l'OSE (l'Œuvre de secours aux enfants, organisation juive créée en Russie avant la Première Guerre mondiale).
Le service social des jeunes est mis en place et prend pour nom de code clandestin la Sixième, du nom de la 6e division de la 1re direction de l'UGIF (Union générale des israélites de France) : fabrication de faux papiers, placement des enfants, passage de frontières pour les familles : tout au long de la guerre, les EIF permettent le sauvetage de plusieurs milliers d'enfants juifs.

Pendant les vacances scolaires, ma maîtresse d'école, Madame Picard, n'hésitait pas à faire trois kilomètres à bicyclette pour venir me voir et me remonter le moral : « Ne t'inquiète pas, ma petite Ida, me disait-elle, la guerre finira. » Mais ma mère était partie pour une destination inconnue et moi, pendant un an et demi, chaque jour, j'ai guetté le facteur dans l'espoir de recevoir une lettre de sa part. L'inquiétude ne me lâchait pas. Mon père, quant à lui, m'a envoyé sa nouvelle adresse. Nous nous écrivions souvent, mais aucun de nous n'a un jour reçu des nouvelles de maman[8].

« Nous venons chercher la petite Juive qui vit chez vous »

J'avais 14 ans et deux mois lorsque j'ai été arrêtée. C'était dans la nuit du 30 au 31 janvier 1944. Un dimanche soir, à minuit quinze, trois gendarmes sont arrivés devant la maison. Ils ont réveillé Alice et lui ont dit :

« Nous venons chercher la petite Juive qui vit chez vous.

— Vous n'allez tout de même pas emmener cette gamine ! » leur a-t-elle répondu.

L'un des gendarmes a insisté :

« Nous avons des ordres ! Et si on ne la trouve pas, on emmène votre mari ! »

8. Hélène Fensterszab a été déportée le 27 juillet 1942 au camp d'Auschwitz-Birkenau par le convoi n° 11. Selon Serge Klarsfeld, ce convoi transportait 1 000 personnes. Il n'y a pas eu de sélection à l'arrivée : 248 hommes et 742 femmes sont entrés dans le camp. En 1945, 11 personnes sont revenues, dont une seule femme.

Alice est alors entrée dans ma chambre. J'entendais du bruit, mais je ne savais pas ce qui se passait. Elle m'a dit que des gendarmes étaient là pour m'arrêter, et puis elle a ajouté : « S'ils ne te trouvent pas, ils vont emmener Paul ! » Un instant, j'ai pensé me sauver par la porte-fenêtre qui donnait sur la cour. J'aurais pu aller chez n'importe quel voisin, j'étais certaine qu'ils m'auraient ouvert leur porte. Mais il était hors de question que le mari d'Alice soit arrêté à ma place. Alors j'ai baissé les bras…

Les gendarmes m'ont ordonné de préparer un petit baluchon avec des vêtements pour quelques jours. Ils ont demandé à Alice de me donner des provisions. Elle m'a fait un paquet avec un peu de cochonnaille. Pendant que je me préparais, elle est sortie chercher du secours. À deux pas de chez nous, il y avait la maison de l'adjoint au maire. Lorsqu'il est arrivé, tout essoufflé, il s'est mis à supplier les gendarmes : « Mais enfin, vous pouvez dire que vous avez eu un problème, que vous avez crevé un pneu en route ou même que la petite n'était pas là quand vous êtes arrivés ! » Les gendarmes n'ont rien voulu savoir, sans doute parce qu'ils étaient trois. Je me suis souvent dit ensuite que s'ils n'avaient été que deux, ils se seraient laissé convaincre. À trois, ils ont peut-être eu peur les uns des autres…

Ils m'ont fait monter dans une traction noire et m'ont conduite à la gendarmerie de Melle, à huit kilomètres de Lié. La nuit était déjà bien avancée, mais le capitaine m'attendait sur le perron. Moi, une enfant de 14 ans, j'avais donc tellement d'importance ! Il m'a fait entrer dans son bureau, m'a demandé de m'asseoir et a commencé à m'interroger avec un zèle dont je me souviens encore. Il voulait à tout prix que je lui dise où était caché mon père ! En revanche, il ne me posait aucune question sur ma mère, il devait savoir qu'elle avait déjà été arrêtée. J'ai répondu que j'ignorais où était mon père. Le capitaine ne me croyait pas et essayait de m'intimider. Mais il a vite compris que je ne parlerais pas et m'a fait sortir.

Les trois gendarmes qui m'avaient arrêtée m'ont alors conduite à Niort, dans un hangar rue des Trois-Coigneaux, où étaient disposés des lits de camp. J'ai su par la suite que 57 autres personnes se trouvaient là[9]. Je n'en connaissais aucune.

Le lendemain, un gendarme est venu me chercher, moi et trois autres enfants. Il nous a emmenés à pied dans un hôpital tenu par des religieuses. J'ai appris plus tard que si on nous avait déplacés, c'était parce qu'un des gendarmes avait écrit à son supérieur pour lui dire qu'il y avait là quatre enfants sans parents et qu'on ne pouvait pas les laisser seuls. Ce jour-là, j'ai une fois de plus pensé à me sauver, mais je ne connaissais personne à Niort, alors j'ai renoncé.

Les bonnes sœurs furent très gentilles et extrêmement chaleureuses avec nous. J'espérais rester là, avec elles, mais dès le lendemain, les gendarmes sont revenus nous chercher et nous ont de nouveau enfermés dans le hangar sous prétexte qu'une femme avait fait évader ses deux enfants[10]. Sur le

9. La rafle du 28 au 31 janvier 1944 est la seconde et la plus importante qui ait eu lieu dans le département des Deux-Sèvres. Elle est déclenchée sur ordre de la SIPO-SD de Poitiers (sur la SIPO-SD, voir la note 8, page 72). Il était prévu d'arrêter 108 Juifs, mais 50 d'entre eux sont parvenus à se réfugier et à éviter l'arrestation. Entre le 9 octobre 1942, date de la première rafle, et le 30 janvier 1944, 143 personnes des Deux-Sèvres ont été arrêtées et déportées, dont 33 enfants de moins de 18 ans. Parmi eux, quatre ont survécu : ils avaient tous entre 14 et 20 ans.

10. Cette femme a été déportée dans le même convoi qu'Ida après avoir, effectivement, fait évader ses deux garçons, qui ont survécu. Elle n'est pas revenue.

moment, je n'ai pas cru qu'il s'agissait de représailles. Mais je me suis dit en revanche que cette femme avait bien fait de faire évader ses enfants ! Et puis, il aurait de toute façon été hors de question que nous restions à l'hôpital. Après deux jours à Niort, nous avons rejoint la gare d'Austerlitz, à Paris, et avons été emmenés à Drancy en autobus de la TCRP (Transports en commun de la région parisienne).

« Je croyais tellement que j'allais rejoindre ma mère »

Lorsque nous sommes arrivés dans le camp de Drancy, j'ai été très impressionnée. Ce qui m'a d'abord frappée, c'est la hauteur des immeubles et ces gens qui couraient dans tous les sens. Les hommes avaient été regroupés d'un côté, les femmes et les enfants de l'autre[11].

Le lendemain, j'ai été convoquée au secrétariat pour une vérification d'identité. Le préposé m'a demandé mes papiers. Mais j'avais 14 ans et, en principe, ils n'étaient obligatoires qu'à partir de 16 ans. Je lui ai donc répondu que je n'avais pas de carte d'identité. Sans doute m'avait-il crue plus âgée à cause de la houppette que ma mère m'avait fait faire ! Le gendarme n'a pas insisté et m'a dit que nous partirions dans quelques jours travailler dans des camps en Allemagne. Il m'a aussi affirmé que, là-bas, nous reverrions les membres de notre

11. Sur près de 76 000 déportés juifs français, 65 000 ont transité par Drancy avant d'être acheminés, entre le 22 juin 1942 et le 31 juillet 1944, en 62 convois, vers les centres de mise à mort en Pologne. D'une capacité théorique de 5 000 places, Drancy va compter jusqu'à 7 000 internés lors des rafles de l'été 1942. Les premiers convois sont partis depuis Compiègne le 27 mars puis le 5 juin 1942.

famille qui avaient déjà été déportés. Pour moi, c'était une nouvelle extraordinaire ! J'allais enfin retrouver maman ! Au début, nous y avons tous cru, nous ne savions pas où nous irions. Et puis, entre nous, nous parlions de « Pitchipoï », c'est-à-dire de « Trifouillis-les-Oies », car le nom d'Auschwitz était alors inconnu en France. Nous n'avions aucune raison de ne pas croire que nous ne retrouverions pas les nôtres, et cela nous remontait le moral ! Je m'accrochais à cet espoir, je « planais » littéralement. Je croyais tellement que j'allais rejoindre ma mère que, malgré le peu de nourriture qu'on nous donnait à Drancy, je n'ai pas touché aux provisions que m'avait données Alice. Maman allait être si contente de manger ces bonnes choses !

Je suis restée une semaine à Drancy. Il n'y avait pas de douche, uniquement des lavabos. Je dormais dans un grand dortoir avec les femmes et les enfants. Nous avions une paillasse crasseuse et, bien entendu, pas de draps. Le matin j'allais aux « pluches » : j'épluchais des navets et des rutabagas. La promiscuité et la saleté ne me dérangeaient pas tant la certitude de revoir ma mère me réconfortait. Cela a été, pendant toute cette semaine, la seule chose qui a compté.

Le matin du jeudi 10 février, les gendarmes m'ont fait monter avec 1 500 autres personnes dans les mêmes autobus de la TCRP que huit jours auparavant et nous avons roulé jusqu'à la gare de Bobigny, où des soldats allemands nous attendaient. Sur le quai, il n'y avait plus aucun Français. Aussi longtemps que nous étions gardés par des gendarmes, il me semblait que rien de grave ne pouvait nous arriver. À ce moment-là, l'inquiétude est donc montée d'un cran. Puis des SS nous ont poussés dans des wagons. Je faisais partie du convoi n° 68[12]. L'enfer a commencé pendant le transport. Il n'y avait pas de quoi s'étendre sur le plancher, à peine la place de s'asseoir sur quelques brins de paille. Au centre, un seau d'eau et un baquet en guise de tinette. Au début, personne ne voulait aller aux toilettes. Mais, au bout d'un moment, nous y étions bien obligés… C'est la première dégradation que nous avons subie. Tout de suite, une forme de solidarité s'est installée : deux hommes ont attrapé un manteau, l'ont tenu à chaque bout et sont allés cacher les gens qui faisaient leurs besoins. Rapidement, la tinette a été pleine à ras bord et une partie de son contenu s'est renversé sur le plancher. Nous avons dû poursuivre le voyage dans une puanteur absolument insoutenable. Les gens ont tenté d'ouvrir une lucarne, mais elle était bloquée. « Vivement qu'on arrive, ça ne pourra pas être pire ! » C'est ce que les gens autour de moi répétaient…

« Ma vie a tenu à un cheveu… »

Le matin du quatrième jour, le 13 février, le train s'est arrêté brutalement. Les portes se sont ouvertes et nous avons dû descendre très vite. Il y avait de la neige partout, des soldats allemands hurlaient *Schnell ! Raus !* (« Dehors ! Vite ! »), séparaient les hommes des femmes à coups de trique, et

12. Selon Serge Klarsfeld, le convoi n° 68 se composait de 680 hommes, 820 femmes, dont 294 enfants. Ils provenaient des rafles parisiennes des 3 et 4 février 1944, ainsi que de la rafle opérée dans les Deux-Sèvres. 1 229 personnes ont été gazées à l'arrivée à Auschwitz-Birkenau. 210 hommes et 61 femmes ont été sélectionnés pour le travail. En 1945, il y avait 59 survivants, dont 32 femmes.

des prisonniers en tenues rayées nous ordonnaient de laisser toutes nos affaires sur place... Il a donc fallu que j'abandonne le linge de rechange que j'avais apporté et surtout les provisions que je gardais pour maman. La simple idée qu'elle ne les aurait pas a été un véritable crève-cœur ! Les SS séparaient les hommes des femmes et des enfants, les premiers à gauche, les autres à droite. Les gens criaient, pleuraient et s'accrochaient les uns aux autres.

Je me trouvais presque en queue de convoi et nous devions nous diriger vers sa tête. J'ai décidé de suivre deux jeunes filles d'à peu près 20 ans dont j'avais fait la connaissance durant les trois jours de voyage. J'avais également sympathisé avec un couple de personnes âgées, Monsieur et Madame Friedmann, que j'avais rencontré au dépôt de Niort. À ce moment-là, cette dame aux cheveux blancs m'a crié de l'attendre. C'était sans doute pour me protéger, mais je n'ai pas voulu la suivre, je ne sais pas pourquoi. J'ai sans doute eu peur qu'elle ne marche pas assez vite. Et puis, à 14 ans, on a davantage d'affinités avec les gens de son âge...

J'ai donc remonté tout le convoi avec les deux jeunes filles, et nous sommes très vite arrivées au début de la file. Il y avait des soldats allemands éparpillés sur les voies de chemin de fer, mais à la tête du train, qu'un seul SS. J'ai appris après la guerre qu'habituellement plusieurs soldats, dont un médecin, assistaient à la première sélection. Encore aujourd'hui, j'ignore pourquoi, ce jour-là, c'était différent. À la droite du SS, des camions à l'arrêt, à sa gauche, une douzaine de femmes. Lorsque nous sommes arrivées toutes les trois à sa hauteur, le SS, qui maniait une badine, a baragouiné dans un mauvais français : « Celles qui sont fatiguées vers les camions. Celles qui peuvent marcher, de l'autre côté ! » Peut-être avais-je envie de me dégourdir les jambes, peut-être n'étais-je pas fatiguée du tout, en tout cas, je me suis dirigée tout de suite du côté de celles qui allaient continuer à pied. Ce choix m'a sauvé la vie. Car nous vivions là notre première sélection, mais nous étions loin de le savoir et de le comprendre. Le SS ne m'a pas questionnée sur mon âge. S'il l'avait fait, je ne serais sans doute pas là aujourd'hui car, en général, aucun enfant de 14 ans ne rentrait dans le camp. À cause de ma houppette, je paraissais au moins 16 ans[13]. Ce jour-là, parce qu'elle m'avait emmenée chez le coiffeur deux ans auparavant, ma mère m'a donné deux fois la vie, qui n'a pas tenu à un fil, mais à un cheveu !

Les gens âgés de plus de 40 ans ont été directement dirigés vers les camions. Lorsque, plus tard, on m'a raconté que ces personnes avaient été gazées dès l'arrivée, je m'en suis beaucoup voulu d'avoir laissé Madame Friedmann. Il m'a fallu un certain temps pour réaliser que si je l'avais suivie, je serais morte aussi et que, de toute façon, je n'aurais pas pu la sauver. J'imagine aussi ce qu'a dû être la douleur abominable de ces jeunes gens qui ont été, dès l'arrivée, séparés de leur père, de leur mère ou de leurs grands-parents... Mais moi qui suis arrivée seule, je me dis aujourd'hui qu'avoir un père ou une mère près de soi était précieux, que ça aidait, que ça pouvait même sauver...

---

13. Les enfants de moins de 14 ans étaient généralement envoyés dans les chambres à gaz dès leur arrivée. Environ 232 000 enfants et adolescents ont été déportés à Auschwitz-Birkenau, dont 11 000 Tsiganes et 216 300 Juifs. Parmi eux, il y avait 11 400 enfants juifs français.

« Nous sommes devenues des numéros »

Le SS nous a comptées plusieurs fois, puis nous nous sommes dirigées vers le camp de Birkenau, mais on ne savait pas encore qu'il s'appelait comme cela. Nous avons marché dans la neige et le froid environ une heure. Nous étions très angoissées. En chemin, nous n'avons pas vu âme qui vive car les détenues étaient déjà parties au travail. Tout semblait mort. Nous n'apercevions que des baraques délabrées et, à travers les carreaux, quelques femmes livides avec des fichus sur la tête qui nous dévisageaient. Leur regard était vide, hagard, lugubre.

Le SS nous a fait rentrer dans une grande pièce où des prisonnières polonaises en tenue civile nous ont fait remplir des fiches d'identité. Comme toutes les Juives, j'ai dû faire précéder mon prénom de celui de Sarah. Nous avons ensuite été conduites dans une grande salle, la Sauna, où trois SS et un homme en civil nous attendaient. *Nackt !* (« Déshabillez-vous ! »), hurlaient-ils en allemand. Nous sommes restées figées sur place. Comment se déshabiller devant ces soldats ? Mais nous n'avons pas pu hésiter longtemps... Du fond de la salle, nous avons vu surgir plusieurs femmes en robes rayées avec un brassard sur lequel était écrit « Kapo » en lettres noires sur fond blanc[14]. Elles tenaient une espèce de gourdin à la main et avançaient en frappant toutes les femmes qu'elles croisaient. Nous avons alors compris que nous n'avions pas d'autre choix que de nous dévêtir. Nous avons bien essayé de conserver nos sous-vêtements, mais les cris ont redoublé. Nous avions

---

14. Les kapos, chargées de la surveillance du camp, sont des détenues de droit commun marquées par des triangles verts.

terriblement honte, terriblement froid, et essayions de cacher nos parties intimes en nous pliant en deux, une main sur la poitrine, l'autre sur le pubis. Puis nous étions terrorisées parce que nous ne savions pas ce que les SS nous voulaient. Mais pourquoi fallait-il à tout prix être nues ?

C'est à ce moment-là qu'un autre groupe de femmes en robes à rayures est arrivé. Comme nous ne savions que faire de nos vêtements, nous avons demandé où nous devions les déposer. Même si elles ne parlaient pas français, ces femmes ont bien compris ce que nous voulions dire. Avec la main, elles nous ont fait signe de les laisser par terre puis elles les ont ramassés et emportés avec elles. Certaines camarades ont vu plus tard des kapos porter leurs vêtements ! Moi, je ne les reverrai jamais.

Nous sommes restées un long moment debout, les unes à côté des autres. Comme il y avait une porte de chaque côté, un vent glacial s'engouffrait dans la baraque. Nous étions complètement gelées. Puis plusieurs groupes de prisonnières sont arrivées avec une tondeuse à la main. Elles nous ont rasées partout, le crâne, les aisselles, le pubis. On ne se voyait bien sûr pas soi-même, mais nous nous devinions dans le regard des autres, méconnaissables, défigurées. Un véritable tapis de cheveux recouvrait le sol. D'autres détenues se sont alors approchées. Celles-ci avaient à la main un petit encrier et une plume Sergent-Major semblable à celles dont nous nous servions pour écrire à l'école. Elles nous ont tatoué à chacune un numéro sur l'avant-bras gauche. Cela ne m'a pas tout de suite impressionnée car je pensais qu'il s'agissait d'une sorte de décalcomanie qui partirait au premier lavage. Mais des femmes plus âgées nous ont dit que ce qu'on était en train de nous faire, nous le garderions à vie. Nous étions devenues des numéros. J'étais désormais le matricule 75360.

Après nous avoir tondues et tatouées, les kapos nous ont envoyées sous une douche complètement glacée. Nous n'avions ni savon ni serviette. Nous nous sommes essuyées avec les haillons qu'elles nous ont lancés. J'ai trouvé une culotte, une robe et une veste en tissu très fin pas du tout adapté à l'hiver. Les détenues nous ont ensuite jeté de quoi nous chausser sans se préoccuper de la pointure : il y avait des spartiates, des bottines, des sandales, des ballerines, des sabots... Des femmes se sont retrouvées avec des chaussures trop petites. D'autres en avaient de trop grandes... Naïvement, elles sont allées vers le fond de la pièce dire aux kapos, qui ne comprenaient d'ailleurs pas le français, que les chaussures n'allaient pas. On les a alors violemment envoyées promener... Nous avons fini par nous organiser entre nous et à nous échanger tant bien que mal les paires qui pouvaient correspondre à notre pointure.

En fin de matinée, plusieurs femmes accompagnées d'une kapo sont entrées dans la baraque avec un grand récipient de soupe. Quand la kapo a soulevé le couvercle, une odeur nauséabonde a envahi la pièce... Elle nous a distribué quelques gamelles et a plongé une longue louche dans l'infâme liquide. Chaque gamelle contenait un peu de soupe pour cinq, mais il n'y avait pas de cuillère. Celles qui voulaient avaler quelque chose ont dû laper comme des bêtes. Mais certaines, comme moi, se sont permises de bouder cette première soupe. Le lendemain, quand je ferai pareil et que je refuserai de manger, une des jeunes filles de la même baraque me dira : « Si tu veux revoir la France, tu as intérêt à avaler cette soupe. Ce n'est pas avec la petite ration de pain du soir que tu tiendras le coup ! »

« Les jeunes filles comme toi, on leur donne une soupe de plus, et après elles disparaissent »

Le soir même, on nous a parquées dans un bloc dit « de quarantaine », où je ne connaissais plus personne. C'est alors que des déportées françaises bravant le couvre-feu sont venues nous voir pour recueillir des informations. Ce sont elles qui nous ont appris que nous étions à Auschwitz. Avant elles, cet endroit n'avait pas de nom. Parmi ces femmes, il y avait Suzanne Birenbaum[15], une femme de 40 ans. Elle m'a recommandé de ne jamais dévoiler mon âge réel. « Parce que les jeunes filles comme toi, on leur donne une soupe de plus, et après elles disparaissent, on ne les revoit pas. » Quand on me demanderait mon âge, j'ai donc décidé de répondre toujours « 16 ans ». C'était comme si je vieillissais de deux ans tout d'un coup...

À notre tour, nous avons interrogé nos visiteuses sur le sort des femmes de notre convoi qui étaient montées dans les camions. Elles nous ont expliqué sans ménagement qu'elles avaient toutes été gazées, puis brûlées dans les fours crématoires dont elles nous ont montré la fumée par les fenêtres du bloc. À cet instant, aucune de nous n'a voulu les croire. Comment aurait-on pu ? Il me faudra quatre ou cinq jours pour comprendre, et surtout pour reconnaître l'odeur de la chair que l'on brûle. De toute façon, les kapos se chargeaient de nous le rappeler quotidiennement : « Ici, on entre par la porte et on sort par la cheminée ! »

---

15. Suzanne Birenbaum a survécu. En 1989, elle publia *Une Française juive est revenue.*

Dès le premier jour, les kapos nous ont mené la vie très dure. Elles nous démolissaient sans cesse, nous hurlaient dessus et nous frappaient sans raison. Elles auraient pu faire leur travail normalement, ne pas se conduire avec autant de brutalité. Mais elles faisaient du zèle, comme pour justifier leur fonction.

Moi, quand il y avait une bastonnade, je rampais par terre pour éviter les coups. Mais j'avais une amie, Claudine Chikman, qui était très grande et qui, parce que sa tête dépassait du groupe, se faisait frapper très souvent… Les parents de Claudine avaient été gazés à l'arrivée. Après la guerre, elle m'a avoué que pour tenir le coup, elle avait dû se forcer à ne pas y croire. Moi, j'ai continué à chercher ma mère, même après les trois semaines de quarantaine. Lorsque je croisais des femmes avec un numéro plus petit que le mien, je leur demandais si j'avais des chances de rencontrer quelqu'un du transport de ma mère. Personne n'en connaissait. Au bout de trois ou quatre mois, j'ai perdu l'espoir de la retrouver.

Si être petite était un avantage, comprendre les ordres l'était peut-être encore plus. Les Françaises qui ne parlaient pas le yiddish ne comprenaient pas non plus l'allemand. Or tous les ordres étaient en allemand, et quand on nous appelait, c'était par notre numéro de matricule et en allemand ! Il n'était pas seulement sur notre avant-bras, il était aussi inscrit sur un bout de tissu qu'on nous avait donné le lendemain de notre arrivée et qu'on a dû coudre à notre vêtement, précédé de l'étoile de David. En fait, nous portions sur nous notre carte d'identité. Et celles qui ne comprenaient pas quand on les appelait ne pouvaient donc pas répondre et étaient systématiquement battues. Si j'ai reçu moins de coups que les autres, c'est que je comprenais les ordres. J'essayais d'aider les filles qui ne connaissaient pas le yiddish, et comme nécessité fait loi, elles ont rapidement fait des progrès. Quant à moi, j'ai appris grâce à des Polonaises parlant yiddish quelques mots de polonais.

En quarantaine, nous restions dans les baraques. Sauf pour l'appel. C'était un moment que nous redoutions particulièrement. Le matin, nous devions sortir par – 10 °C et rester en colonnes, par cinq, au garde-à-vous, immobiles, le temps que les soldates SS nous comptent et nous recomptent. Le froid nous pétrifiait. Quand les gardiennes s'éloignaient, nous frottions le dos de la camarade devant nous, mais ça suffisait à peine à nous réchauffer. Pendant la première semaine, j'ai attrapé une angine. Comme, toute petite, j'avais eu une forme de diphtérie et que je me souvenais de la façon dont ma mère m'avait alors soignée, j'ai demandé à la chef de chambrée un petit pot d'eau chaude avec du sel et je me suis gargarisée. Au bout de deux fois, l'angine était enrayée ! À midi, on nous distribuait de la soupe, et après l'appel du soir, un bout de pain, un morceau de margarine ou une rondelle de saucisson.

Très vite, la saleté, la puanteur, l'absence d'hygiène et la faim ont commencé à nous miner. Les latrines étaient épouvantables, toutes les places étaient souillées de matières fécales. Nous n'avions aucun moyen de nettoyer et rien pour nous essuyer. Dans ces conditions, garder le moral était difficile : je n'ai jamais pu m'habituer à faire mes besoins devant tout le monde, à être sale, à être constamment insultée…

« Sans la solidarité, je ne serais pas là aujourd'hui »

Après trois semaines de quarantaine, nous avons changé de bloc. Nous avons été affectées à différents kommandos. J'ai d'abord travaillé aux pierres ; je devais transporter d'énormes blocs sur une sorte de planche qu'on portait à deux au bout d'un long chantier. Le lendemain, nous devions faire le chemin inverse avec ces mêmes pierres… Ce kommando ne servait à rien qu'à nous abrutir, nous épuiser et à nous empêcher de penser.

J'ai ensuite été affectée au kommando « des patates » : là, je devais trier des pommes de terre pourries et gelées et mettre de côté celles dont on pouvait encore récupérer un morceau mangeable. Ces pommes de terre étaient ensuite mises dans des paniers qui partaient vers les cuisines pour être cuites avec des topinambours, des navets, des choux, des rutabagas… Mais nous triions des pommes de terre dont nous ne voyions jamais la couleur ! Car quand on nous apportait la soupe, dans de grands tonneaux, les rares légumes qui s'y trouvaient étaient déjà tombés au fond. Les kapos ne remuaient jamais, nous servaient le liquide et lorsqu'elles arrivaient au fond du tonneau, là où s'étaient accumulés les légumes qui auraient pu nous tenir au corps, elles s'arrêtaient. Elles laissaient ce tonneau de côté et en entamaient un autre avec lequel elles faisaient la même chose ! Les légumes, elles les gardaient pour leurs collègues, les autres kapos.

Quelque temps plus tard, j'ai été affectée à l'usine, dans la fabrique d'armement de l'Union Werke[16]. Nous fabriquions des grenades et là, au lieu des kapos, nous avions affaire à des contremaîtres civils. Les conditions de travail étaient un peu meilleures – je travaillais assise ! – et, surtout, nous étions entre copines.

Il faut dire que dès la quarantaine, des groupes s'étaient formés. Les filles d'à peu près le même âge s'étaient regroupées de façon quasi instinctive. J'étais notamment avec Suzanne et Léa Schwartzmann, deux sœurs originaires de Reims, et Claudine. C'était important d'être ensemble car nous nous entraidions beaucoup et nous soutenions constamment. Je me souviens de l'une des premières nuits : nous dormions à cinq ou six par châlit et nous n'avions qu'une seule couverture. Le lendemain matin, les filles aux extrémités nous ont dit qu'elles avaient eu froid. Suzanne, l'aînée des deux sœurs de Reims, a alors décidé d'instaurer un roulement pour que chacune puisse dormir à tour de rôle au milieu, où il faisait moins froid.

Grâce à Suzanne, nous avons aussi pu rester à peu près propres. Lorsque le soir nous arrivions aux lavabos, il y avait déjà plusieurs rangées de femmes qui attendaient. Un soir, Suzanne nous a dit que si nous ne nous lavions pas, nous risquions d'attraper des boutons. Or, quand on en avait, nous risquions d'être sélectionnées. Une ou deux fois par semaine, Suzanne nous entraînait donc, sa sœur Léa et moi, après le couvre-feu, aux lavabos. Nous aurions pu être surprises par une kapo ou recevoir une balle tirée par une sentinelle. Mais nous voulions tellement vivre qu'il fallait que nous nous

16. Ce kommando se trouve à Auschwitz I. Sur Auschwitz I, voir la note 23, page 82.

lavions. Nous étions sans doute un peu inconscientes, mais nous n'avons jamais eu de boutons !

Il faut dire que nous vivions dans la peur permanente d'une sélection. Périodiquement, les SS nous examinaient. Nous devions nous mettre complètement nues devant un médecin qui nous regardait sous toutes les coutures. S'il trouvait une femme malade, blessée ou trop maigre, il considérait qu'elle était inapte au travail. Il relevait son numéro et les Allemands la conduisaient au bloc 25, où elle restait sans boire ni manger pendant deux ou trois jours. Après la guerre, des hommes du Sonderkommando nous ont expliqué que pour gazer et pour brûler les corps, il valait mieux que les gens aient l'estomac vide...

À Birkenau, nous avions tout le temps froid, ou tout le temps chaud. Nous mourions aussi de faim. Et dans cet enfer, lorsque nous nous réveillions découragées, qu'on avait fait des cauchemars, qu'on pensait qu'on n'allait pas s'en sortir, si le matin, il n'y avait pas eu des filles pour trouver les mots qui donnaient du courage, s'il n'y en avait pas eu qui nous souriaient, qui nous aidaient moralement à tenir, nous aurions perdu l'envie de vivre. Nous n'avions rien à partager, mais nous nous soutenions mutuellement. Sans la solidarité, je ne serais pas là aujourd'hui.

Je crois aussi que si j'ai survécu, c'est parce que j'étais jeune et que la vie à la campagne avait fait de moi quelqu'un de fort, de mûr. Après, le camp m'a fait grandir très vite. Et puis, à 14 ans, l'instinct de vie est très puissant. Avec inconscience, on s'accroche. Je crois que ça devait être plus difficile pour les femmes de 30 ou 35 ans. Et puis moi, j'avais encore l'espoir de retrouver mon père...

« C'est toi, Ida ! Ton père te cherche... »

À l'usine d'armement de l'Union Werke où nous montions des détonateurs pour grenades, les toilettes étaient un peu moins sales que celles du camp. Nous y allions donc plus souvent, mais toujours une par une. À la fin du mois d'août 1944, j'ai croisé en m'y rendant un jeune Français dont la tête ne m'était pas inconnue. C'était le fils d'un ami de mes parents, Jean Glaser. Il avait bien grandi depuis la dernière fois que je l'avais vu mais, malgré son crâne rasé, j'étais certaine que c'était lui. Le soir, en rentrant à la baraque, j'ai demandé à mes copines qui travaillaient au contact des prisonniers pour le travail de nuit de se renseigner sur la présence d'un certain Jean Glaser. L'information m'est revenue comme un boomerang : « Oui, Jean Glaser est là avec son père et son père te demande de venir le voir demain pendant la pause. »

Comme nous ne travaillions jamais entre 9 heures et 9 heures et quart pour permettre aux contremaîtres de manger leur sandwich, le lendemain j'ai pris le risque de me rendre dans la division où travaillait le père de Jean. C'était bien sûr interdit, mais personne ne m'a interpellée. Quand il m'a vue, il m'a immédiatement reconnue :

« C'est toi, Ida ! Ton père te cherche... »

Le ciel m'est tombé sur la tête !

« Mon père est ici ?

— Oui, et il te cherche... Reviens demain. »

Moi qui croyais mon père à Paris, en liberté, j'apprenais tout d'un coup qu'il était dans le camp ! J'étais tétanisée, incapable de poser la moindre question. J'avais la gorge nouée, des spasmes, la même douleur qu'en apprenant l'arrestation de ma mère. J'ai réalisé que je ne pouvais rien faire pour lui. C'était horrible. J'ai fondu en larmes et repris le travail en sanglotant. En me voyant, le contremaître s'est approché et m'a demandé en allemand : *Was ist denn loss ?* (« Qu'est-ce qui se passe ? ») Il m'a dit qu'il ne fallait pas pleurer parce que ça rouillait le matériel ! Je lui ai répondu, dans un mauvais allemand : « Je viens d'apprendre que mon père est dans le camp. » Il a semblé touché. Gertrud, une contremaîtresse, une grande blonde, est arrivée à son tour et m'a posé la même question : *Was ist denn loss ?* À croire que c'était la question préférée des Allemands ! Le contremaître lui a tout dit à ma place... Un petit attroupement avait commencé à se former autour de moi.

De son bureau vitré, Monsieur Samson, le directeur civil de l'usine, nous a vus et s'est approché de nous : *Was ist denn loss ?* Le contremaître lui a répondu que je venais d'apprendre que mon père se trouvait dans le camp. « Qu'elle me procure le numéro de son père, je le ferai rentrer à l'usine, comme ça, elle pourra le voir ! » a tout de suite dit Monsieur Samson. Je n'en revenais pas... Et je me suis immédiatement arrêtée de pleurer. Finalement, je n'ai jamais revu papa. Nous n'avons pas pu faire la liaison car le père de Jean ne m'a jamais communiqué son numéro de matricule. En revanche, il m'a appris un jour que mon père avait attrapé la dysenterie, qu'il était au bloc de « convalescence », qu'il avait froid et qu'il avait besoin d'un pull-over... Le soir, en rentrant du travail, j'ai donc filé au bloc du « Canada »[17], où les détenues triaient les vêtements et les bagages des nouveaux arrivants. Une Française a accepté de me procurer un pull mais en échange de deux rations de pain ! Les filles du bloc m'ont aidée en me donnant une part de leur ration pour que je ne reste pas sans manger. Le lendemain, j'ai remis au père de Jean ce pull... et quelques jours plus tard, au détour de l'usine, j'ai aperçu Monsieur Glaser qui l'avait sur le dos ! Je lui ai demandé pourquoi il portait le pull destiné à mon père. Il m'a répondu qu'il était trop grand pour lui... Mais je suis certaine qu'il l'avait gardé pour lui ![18]

À Auschwitz, tout le monde ne s'est pas toujours conduit de façon très digne. Et le rester, c'était déjà une victoire.

L'histoire d'une révolte

Il est faux de dire qu'il n'y eut aucune révolte dans les camps. Je me souviens de celle qui a eu lieu au mois d'octobre 1944 au

17. Le « Canada » est pour les détenus un pays de cocagne : ce « kommando de rangement » *(Aufräumungskommando)* s'occupe de trier les biens pris aux nouveaux arrivants et de les nettoyer pour les envoyer dans tout le Reich. Jusqu'à 2 000 personnes s'y relaient en deux équipes de nuit et de jour. Il y a 6 baraques à Auschwitz, 30 à Birkenau. Un système parallèle se met ainsi en place, dans lequel les gardes trouvent leur compte : le détenu fouille parmi les objets récupérés à la place du SS ; celui-ci prend l'or, les bijoux et les objets précieux et laisse au détenu vêtements et objets quotidiens, ainsi que la nourriture.
Le « Canada » de Birkenau est incendié par les SS en janvier 1945. Mais, dans le chaos de l'évacuation, une partie des biens ne fut pas détruite : la variété des produits et des marques d'origine trouvée par les Alliés témoigne de l'ampleur du crime commis par les nazis.
18. Ida ne revit jamais Jean et son père.

crématorium IV, celle du Sonderkommando[19]. Ces hommes étaient chargés de sortir les corps après le gazage et de les transporter sur des chariots vers les crématoires. Comme les nazis ne voulaient pas laisser de témoins susceptibles de raconter cela un jour, ils éliminaient tous les trois mois environ les membres du Sonderkommando.

À l'automne, les hommes du crématorium IV ont décidé de faire sauter la chambre à gaz. Des complices à l'usine d'armement de l'Union Werke ont demandé à des Juives polonaises qui travaillaient au dépôt de poudre de leur fournir des explosifs. Quatre d'entre elles ont accepté et ont sorti tous les jours de la poudre par petites quantités dans les ourlets de leur robe ou dans les poches de leur veste. Le 7 octobre, les hommes du Sonderkommando ont dû estimer qu'ils en avaient suffisamment… et ils ont fait sauter le crématoire. L'explosion a détruit un pan entier de l'installation et provoqué un terrible incendie. Plusieurs hommes ont essayé de couper les barbelés avec des cisailles qu'ils avaient récupérées et de s'enfuir, mais ils ont tous été

19. Le Sonderkommando d'Auschwitz a été le plus important numériquement : on estime que 2 000 personnes en ont fait partie. Les prisonniers étaient sélectionnés parmi les déportés les plus jeunes et les plus robustes, généralement immédiatement après leur immatriculation au camp et sans qu'on leur révèle l'activité à laquelle on les destinait, sortir les corps des chambres à gaz et les transporter vers les crématoires. Ils vivaient isolés des autres déportés, dans des blocs à part, puis, à partir de 1944, dans les bâtiments mêmes du crématoire. Seuls les SS pouvaient communiquer avec eux. Certains membres du Sonderkommando ont enterré un témoignage écrit de leur expérience. Entre 1945 et 1970, six d'entre eux ont été retrouvés près des chambres à gaz. Ils constituent aujourd'hui des documents d'une extraordinaire valeur documentaire et historique. Une dizaine de membres du Sonderkommando ont survécu à la guerre.

rattrapés et tués. Plus de 400 membres du Sonderkommando ont été assassinés[20].

Le chef du camp de l'époque, Richard Baer[21], a mené une enquête pour connaître l'identité de celles qui avaient aidé les révoltés. Un matin, une kapo est venue au bloc et a appelé les numéros des quatre filles qui avaient livré la poudre : il y avait trois jeunes Polonaises et une Tchèque. Elles ont été enfermées au bloc 11[22] et torturées pendant trois mois.

Puis, le 6 janvier 1945, alors que nous sortions de l'usine après le travail, la chef de baraque nous a emmenées sur la place d'appel. Une potence avec deux cordes y avait été installée. Baer a fait un long discours que je n'ai pas entièrement compris mais qui disait, en substance : « Il ne vous sera fait aucun mal si vous obéissez, voilà ce qui vous attend si vous désobéissez ! » Des soldats SS sont ensuite arrivés avec deux des jeunes femmes arrêtées, les mains entravées derrière le dos. Elles ont été pendues devant nous. C'est le pire souvenir que j'aie d'Auschwitz. Les deux autres filles ont été pendues le lendemain matin devant l'équipe de jour. Étaient-elles les

---

20. À la fin de l'été 1944, le mouvement de résistance d'Auschwitz mené par des prisonniers politiques de différentes nationalités a renoncé à mettre en action le plan prévu de soulèvement général du camp, dont les hommes du Sonderkommando étaient les principaux organisateurs. C'est aussi ce qui explique leur révolte. Les 200 survivants ont été divisés en trois équipes et affectés aux trois crématoires restés en fonction.

21. Richard Baer a dirigé le camp d'Auschwitz du 11 mai 1944 au 27 janvier 1945, date de sa libération.

22. Lieu de répression et de torture, le bloc 11, à Auschwitz I, est isolé du reste du camp par une enceinte barbelée. Les détenus étaient entassés dans les cellules des premier et second étages. Dans la cave, il y avait des « petites cellules » aveugles et très basses dans lesquelles on faisait entrer par une trappe quatre détenus qui pouvaient à peine se tenir debout. Les détenus y mouraient en général d'asphyxie. Au sous-sol, les premiers gazages ont été expérimentés.

seules à avoir sorti de la poudre ? Personne ne le sait… Ces femmes savaient ce qu'elles risquaient et leur acte, d'un courage extraordinaire, nous a redonné de la force et de l'espoir[23].

« Chaque pas était une affaire de survie »

En juin 1944, nous avons appris par des femmes qui venaient d'arriver que les Alliés avaient débarqué. Mais nous nous disions qu'ils en mettaient du temps à arriver jusqu'à nous… À part cela, nous n'avions pas beaucoup de nouvelles de l'extérieur. Au début de l'année 1945, nous avons commencé à entendre le canon et à comprendre que les Russes se rapprochaient. Il y avait une rumeur qui disait que les Allemands allaient faire sauter le camp pour effacer toutes les traces, mais rien ne se passait. Et puis, le 18 janvier, en rentrant du travail, le chef de baraque nous a annoncé que nous devions évacuer le camp. Malgré la fatigue, nous étions contentes de quitter Birkenau, même si nous n'étions pas du tout équipées pour affronter la neige qui tombait dru. Au moins, nous quittions ce camp par la porte et pas par la cheminée ! Et puis, nous avions l'espoir que, là où nous irions, il n'y aurait pas de chambres à gaz.

23. Mis à part la révolte des hommes du Sonderkommando, il y a eu d'autres tentatives de révolte dans les camps de la mort. Le 2 août 1943, une centaine de détenus s'évadent de Treblinka. Puis, le 14 octobre de la même année, à Sobibór, un groupe de Juifs armés de hachettes prend d'assaut un nombre réduit de SS présents dans le camp. 400 prisonniers prennent la fuite, 80 périssent sous les balles, mais 320 personnes parviennent à s'échapper. 170 d'entre eux ont ensuite été repris et assassinés. À la fin de la guerre, 53 étaient encore vivants.

Une longue marche a alors commencé[24], en rang par cinq, pendant trois jours et trois nuits, dans le froid le plus extrême, sans pain et sans eau. Pour tenir, nous mangions de la neige. Nous n'avions eu le droit d'emporter qu'une seule couverture, mais je l'avais jetée dès la première halte car je la trouvais trop lourde. Nous ne nous arrêtions que quelques heures pendant la nuit. Celles qui n'avançaient pas assez vite étaient tuées et laissées sur place. Quand les SS voyaient qu'une femme ralentissait, ils la sortaient des rangs et l'abattaient devant nous à coups de crosse. Des filles tombaient. Nous entendions les balles siffler et devinions que certaines d'entre nous étaient tuées. Nous dépassions les corps de femmes étendus sur les bas-côtés que la neige commençait à recouvrir... Chaque pas était une affaire de survie.

J'avais des chaussures bien trop fines qui me serraient et me faisaient extrêmement mal. À un moment donné, j'ai commencé à ralentir. Mes camarades m'ont alors tout de suite mise au milieu du rang, m'ont donné le bras et soutenue pour que je ne m'écroule pas. Le lendemain, c'est moi qui ai eu la force d'aider celles qui étaient plus faibles. Pendant ces trois jours, nous avons toutes été là les unes pour les autres. La solidarité nous a sauvées. Le soir du troisième jour, au bout de 70 kilomètres, nous sommes arrivées au nœud ferroviaire de Loslau, à la frontière de la Silésie et de la Moravie. À notre gauche, il y avait des wagons à charbon fermés et, à notre droite, des wagons découverts. Lorsque nous sommes arrivées

---

24. Le 17 janvier, les SS évacuent plus de 58 000 prisonniers encore valides d'Auschwitz-Birkenau pour les camps plus à l'ouest. Ils se rendent pour la plupart à Wodzislaw, à une cinquantaine de kilomètres d'Auschwitz, et, de là, rejoignent Bergen-Belsen, Dachau, Buchenwald, Gross Rosen, Mathausen ou Ravensbrück. Au total, 15 000 hommes et femmes évacués d'Auschwitz et de Birkenau ont péri pendant ces « marches de la Mort ».

devant eux, les Allemands, qui dirigeaient les femmes soit dans le convoi de gauche, soit dans celui de droite, nous ont orientées, les filles avec qui j'étais et moi, vers les wagons découverts où, malgré le froid, nous pouvions au moins happer des flocons de neige pour étancher notre soif. Une semaine plus tard, le 26 janvier, nous sommes entrées dans le camp de Ravensbrück[25].

Le camp était complètement désorganisé. Face à l'afflux massif des déportés, il n'y avait même plus assez de paillasses pour tout le monde et les Allemands avaient dû dresser d'immenses tentes. Beaucoup de femmes dormaient par terre sur un sol boueux... Pour ma part, j'ai eu plus de chance et je me suis retrouvée dans une baraque en dur.

Une fois sur ma paillasse, j'ai enlevé mes chaussures : j'avais trois doigts gelés à chaque pied. Comme ils se sont mis immédiatement à enfler, je ne pouvais plus remettre mes chaussures. Nous sommes restées à Ravensbrück près d'un mois, sans travailler, avec pour seule obligation de sortir pour l'appel. Et puis, un matin, les Allemands nous ont dit qu'en raison de l'avancée des Russes, nous devions repartir.

---

25. Situé à 90 kilomètres au nord de Berlin, près de Fürstenberg, le camp de concentration de Ravensbrück est le seul camp de concentration nazi presque exclusivement réservé aux femmes. Les 974 premières prisonnières arrivent dans le camp le 18 mai 1939. Parmi elles, il y avait des prisonnières politiques, communistes ou résistantes, et 137 Juives. En octobre 1942, à la suite de la directive d'Himmler de rendre le camp « *Judenfrei* », celles-ci sont presque toutes déportées à Auschwitz-Birkenau. Puis, en 1943 et 1944, le nombre de Juives augmente en raison, notamment, de l'arrivée de Juives hongroises. Au cours de cette dernière année, une *Kinderzimmer* accueillant les bébés des femmes venant d'accoucher est créée à l'intérieur du camp. 23 enfants français seraient nés à Ravensbrück. Seulement trois d'entre eux auraient survécu. En tout, on estime que 132 000 femmes et enfants, dont 18 000 Juives, ainsi que 20 000 hommes ont été incarcérés à Ravensbrück. 40 000 personnes ont survécu.

« Dans le ciel ce jour-là, une étoile a brillé pour moi ! »

Des femmes ont repris la route à pied. Si j'avais dû le faire, j'aurais sûrement été abattue puisque je ne pouvais plus marcher. J'ai eu la chance de monter dans un train de voyageurs où nous étions un peu moins entassées. Nous avons roulé toute la journée et sommes arrivées le soir du 14 février à Neustadt, un camp satellite de Ravensbrück. Nous avons alors été parquées dans une sorte de grange au sol couvert de terre battue et de paille. J'ai passé la nuit à délirer car le typhus se déclarait. C'est à ce moment-là que j'ai retrouvé Liliane, une amie que j'avais rencontrée à Auschwitz. En voyant mon état, elle a décidé de m'emmener au *Revier*[26]. Si j'avais été moins fiévreuse, j'aurais sûrement refusé... Je savais que le *Revier*, c'était l'antichambre de la chambre à gaz. Mais j'étais dans un tel état que j'ai écouté mon amie. Elle m'a donné le bras et m'a conduite à petits pas vers l'infirmerie. Comme j'étais d'une faiblesse extrême, on m'a acceptée. C'est là qu'une infirmière fabuleuse, une résistante polonaise qui s'appelait Wanda, s'est occupée de moi avec un soin et une gentillesse extraordinaires. Dans le ciel ce jour-là, une étoile a brillé pour moi !

Wanda était belle comme une madone, brune aux yeux marron, ce qui est assez rare pour une Polonaise. Quand

---

26. Le HKB *(Häftlingskrankenbau)* est appelé le « Revier » par les détenus, du terme allemand *Krankenrevier*, qui désigne l'infirmerie militaire. S'il soustrait provisoirement les prisonniers aux kommandos ou à la surveillance des autorités du camp, il est aussi un piège mortel. Les médecins y ont en effet toute autorité, pratiquent des expériences sur les détenus et participent aux sélections.

elle était près de moi, elle me redonnait du courage. Elle m'a soignée d'une façon admirable. Elle allait à l'hôpital SS chercher de la pommade pour mes pieds, les plongeait dans des bassines d'eau froide et d'eau chaude, les bandait avec des pansements en papier, me donnait sa soupe en me disant que si je ne mangeais pas, je ne retrouverais pas ma maison. Grâce à Wanda, j'allais de mieux en mieux. Une nuit, alors que j'avais encore les pieds bandés, je me suis même levée et je me suis mise à crier « Vive la France ! »[27]. Au bout de quelques semaines, Wanda a placé à côté de moi une jeune Française, Ginette. Mais sur le moment, comme je délirais encore un peu, j'ai protesté : « Moi, je ne parle pas français, je ne parle que polonais ! » Comble de joie, dans cette infirmerie, j'ai aussi retrouvé Claudine, mon amie d'Auschwitz, qui était dans le châlit du dessus ! Il n'y avait pas de sélection à Neustadt, et pendant deux mois et demi, j'ai été soignée de la meilleure façon possible sans être jamais inquiétée.

« J'avais complètement oublié qu'avant notre arrestation, nous dormions dans des draps... »

Le matin du 30 avril 1945, des déportées sont venues nous dire que les SS avaient déserté le camp et abandonné Neustadt parce que les Soviétiques étaient aux portes de la ville, à moins de 2 kilomètres du camp. Des prisonniers de guerre sont entrés dans le camp et ont essayé de se rendre

27. Wanda Ossowska confirmera cette anecdote à Ida dans une lettre qu'elle lui enverra soixante ans plus tard.

utiles. Par les fenêtres de l'infirmerie, nous avons vu des femmes courir dans tous les sens et sortir. Et puis Wanda nous a dit au revoir...

Plus tard, on m'a raconté que des soldats soviétiques avaient écrasé la porte du camp avec leurs chars, coupé le circuit d'alimentation électrique des fils de fer barbelés et, voyant des femmes valides sortir des baraques, étaient repartis occuper la ville en oubliant de vérifier s'il y avait aussi des femmes malades dans l'infirmerie. Moi et une trentaine d'autres filles sommes donc restées dans le camp toutes seules à attendre des libérateurs qui étaient déjà là. Ce n'est que deux jours après, dans la soirée du 2 mai, que nous avons enfin vu trois superbes soldats américains entrer dans le *Revier* ! S'ils ont semblé étonnés de nous trouver là, ils nous ont tout de même gratifiées d'un « Hello » chaleureux... Nous n'avions pas la force de leur sauter au cou, mais nous leur avons tout de même répondu très faiblement : « Hello » !

Nous ne parlions pas un mot d'anglais, ils ne parlaient pas un mot de français. Nous ne pouvions rien nous dire, mais ils semblaient bouleversés de voir l'état pitoyable dans lequel nous étions, toutes très maigres, affaiblies, blêmes, le crâne complètement rasé parce qu'à cause du typhus, il avait été préférable de nous tondre. Dans leur regard, l'étonnement s'est mué en compassion. Avant de partir, ils ont vidé leurs poches et nous ont laissé des bonbons, des chewing-gums et du chocolat pas très bon et tellement compact que nous avons eu un mal fou à l'émietter !

Ginette nous a rassurées, Claudine et moi, en nous disant que les Américains allaient revenir avec du secours. Mais deux jours plus tard, personne n'était revenu... Comme elle n'avait pas les pieds gelés et qu'elle pouvait marcher, Ginette a décidé qu'elle irait elle-même chercher de l'aide.

Elle a donc pris des chaussures dans un placard, a enfilé une veste et est sortie toute seule du camp. Quelques heures plus tard, nous avons vu arriver tout un régiment de soldats russes ! Nous les regardions les yeux ronds. Ils n'étaient peut-être pas aussi beaux que les Américains, pas aussi bien vêtus, mais comme nous étions contentes qu'ils soient là ! Les soldats portaient chacun une brouette. Ils nous ont embarquées deux par deux dans une brouette et nous ont emmenées avec eux. Eh oui, nous avons été libérées en brouette !

Arrivées dans les rues de Neustadt, nous avons fait halte devant l'hôpital militaire allemand, une très belle bâtisse qui avait été réquisitionnée par les Soviétiques. Là, nous avons vu sortir de l'hôpital un groupe de soldats allemands en piteux état : les Soviétiques vidaient les lieux pour nous faire de la place… Le soir même de notre arrivée, une infirmière nous a installées dans de petites chambrées avec des lits individuels et des draps blancs. Moi, j'avais complètement oublié qu'avant notre arrestation, nous dormions dans des draps… Ma première sensation de liberté, ce furent ces lits tout propres ! Les médecins russes nous ont merveilleusement bien soignées. Ils nous ont réalimentées lentement, avec des flocons d'avoine, de la semoule, des fortifiants, notamment de l'extrait de foie de veau… une véritable potion magique !

Au bout de trois semaines, nous avons dû nous inscrire sur des listes pour être rapatriées. Le 28 mai, deux grands soldats américains sont venus chercher Claudine et moi en camion. Mais nous avions été à Auschwitz, et, pour nous, il était hors de question de monter dans des camions ! Plus d'un an après, nous étions encore traumatisées… L'un des deux soldats nous a alors rassurées en nous disant que la guerre était bien finie et que nous n'avions plus rien à craindre. Nous avons fini par accepter de monter et avons ainsi traversé l'Allemagne jusqu'à Lüneburg, dans la zone franco-britannique. Nous entendions enfin parler français et cela nous ravissait !

Le 30 mai, nous sommes arrivées près de Lüneburg ; là, un médecin français nous a dit qu'il envisageait de nous hospitaliser… ici ! Que n'avait-il pas dit là ! Claudine, Ginette et moi avons éclaté en sanglots et l'avons supplié de nous rapatrier en France. Mais il était hors de question pour lui que nous rentrions en train car notre état était encore trop préoccupant. Il nous a alors fait une promesse : « Vous voyez, en face, c'est un aérodrome. Si, aujourd'hui, un avion se pose et qu'il peut partir pour la France, vous monterez à bord. En avion, je veux bien que vous rentriez, mais pas en train ! »

Par chance, en fin de soirée, un vieux Dakota est arrivé et deux grands Canadiens francophones nous ont proposé de nous faire voyager avec eux sur des brancards. Les infirmières russes nous avaient fait des turbans pour que nous soyons présentables, nous ont offert à chacune une veste et nous ont laissées partir en avion, direction Le Bourget, où nous arriverions dans la soirée !

À peine une demi-heure après le début du vol, un soldat canadien s'est approché de mon brancard, m'a souri et m'a demandé en m'offrant une cigarette, une Players :

« Vous fumez, mademoiselle ? »

Je ne pouvais ni lui avouer que je n'avais que 15 ans et demi, ni lui dire que je n'avais jamais fumé ! Alors je lui ai répondu :

« Oui, bien sûr ! »

Je ne sais pas ce que j'ai fait, si j'ai aspiré, si j'ai soufflé, si j'ai mordu… mais j'ai immédiatement été très incommodée et j'ai bien failli vomir ! Me voilà donc en train d'écraser ma première cigarette sur le bois de mon brancard. Par la suite, chaque fois qu'on m'a offert une cigarette, j'ai systématiquement refusé !

Deux heures plus tard, le même soldat est revenu nous dire que nous étions en train de survoler la France. Ce fut un bonheur tel que jamais je ne l'ai oublié ! Nous avons atterri au Bourget dans la soirée du 30 mai. Comme cet avion avait été annoncé avec des déportés à bord, la Croix-Rouge et un véritable « cordon sanitaire » nous attendaient.

Un médecin s'est approché de moi et m'a dit, paternellement : « Mon petit, on vous emmène à l'hôpital. »

J'ai refusé catégoriquement.

« Mais qu'est-ce que vous voulez faire ? m'a-t-il répondu.

— Docteur, je voudrais qu'on m'emmène chez moi car j'aimerais savoir si mon père est de retour.

— Mais vous n'êtes pas en état d'aller chez vous toute seule. Nous allons vous conduire à l'hôpital pour vous soigner et nous allons essayer de retrouver votre famille. »

Une ambulance m'a emmenée à Broussais, un vieil hôpital avec des salles communes, où, heureusement, Claudine, qu'on venait de ramener de l'hôpital Bichat où il n'y avait plus de place, a été mise près de moi. Comme nous étions heureuses d'être ensemble, libres et ensemble !

De là, j'ai envoyé un pneumatique à mon frère et un télégramme à Alice, qui est venue me voir quelques jours après notre arrivée. Ma nourrice, toute de noir vêtue, a eu du mal à me reconnaître. Je me souviens de son cri quand elle m'a vue : « Ma petite Idaaaa ! »

Mon frère est venu également, et lui aussi, il ne m'a pas reconnue tout de suite... Il m'a appris qu'il avait été caché pendant toute la durée de la guerre près de Montfermeil, mais que mon père avait, lui, été dénoncé par une Russe, puis arrêté et déporté le 31 juillet 1944[28].

Claudine et moi sommes restées presque deux mois à l'hôpital Broussais. Vers la fin du mois de juillet, à cause d'un problème pulmonaire, nous avons été toutes les deux autorisées à partir en convalescence à la montagne, dans les maisons créées par Geneviève de Gaulle et son association, l'ADIR[29], qui accueillaient les déportées résistantes.

« Nous avons été brisées »

Nous avons passé quatorze mois formidables en Suisse. Nous avons rencontré des femmes extraordinaires qui sont devenues par la suite des amies. Elles avaient fait de la résistance et avaient plein de choses à nous raconter. Elles étaient passionnantes ! Ce séjour a été pour moi une véritable thérapie…

---

28. Jankiel Fensterszab a été déporté par le convoi n° 77, le dernier qui partit de Drancy, le 31 juillet 1944. Ce convoi transportait environ 1 300 personnes, dont plus de 300 enfants immédiatement gazés. 726 hommes et femmes le furent également. 291 hommes et 283 femmes ont été sélectionnés pour le travail. 68 hommes et 146 femmes ont survécu, mais pas le père d'Ida.

29. L'Association nationale des anciennes déportées et internées de la Résistance est née en 1945 de la rencontre de deux projets : la création de l'Amicale des prisonnières de la Résistance en 1944 et la volonté de plusieurs résistantes de Ravensbrück de fonder une association permettant d'honorer la mémoire des disparues et de prolonger les liens noués dans les camps.

Avec Geneviève de Gaulle, Jane Sivadon, Germaine Tillion, Marie-Claude Vaillant-Couturier firent notamment partie de l'ADIR qui, après la guerre, organise des séjours de repos et aide de nombreuses rescapées dans leurs formalités d'obtention et de reconnaissance de leurs droits.

À mon retour de Suisse, j'avais 17 ans et seulement le certificat d'études. Je n'ai pas eu la possibilité de reprendre le chemin de l'école. Malgré le retard accumulé, j'ai tout de même essayé de suivre des cours accélérés pour devenir secrétaire. J'ai passé un test, ai été admise, mais l'école n'a jamais ouvert, faute de financement. Je me suis donc installée chez mon frère et me suis dirigée vers la confection, même si je n'ai jamais aimé coudre. Il fallait bien faire quelque chose...

J'ai survécu à la déportation, mais Auschwitz m'a privée de la vie que j'aurais pu avoir. Au camp, nous avons été brisées. On le reste quand on revient seule, que nos parents ont disparu. J'ai longtemps attendu mon père avant de réaliser, de comprendre... J'étais jeune, j'avais envie de vivre, mais il y avait quelque chose d'irrémédiablement cassé.

« Si vous rentrez, il faudra leur dire »

Dès mon retour, j'ai éprouvé le besoin de parler. Mais mon frère ne m'a posé aucune question ; de toute façon, à lui, je n'aurais pas pu en parler. Je ne pouvais rien lui raconter alors que nos parents avaient été déportés et qu'ils n'étaient pas revenus... Alice ne m'a pas interrogé non plus. Quand les gens du village de Lié, où je suis retournée plus tard, m'ont posé des questions, je leur ai toujours répondu, mais ils ne m'écoutaient pas longtemps. C'était comme si les réponses les effrayaient...

Or, si depuis vingt ans, et encore aujourd'hui, je témoigne dans les collèges et les lycées, c'est pour que chacun prenne conscience que le racisme, sous toutes ses formes, peut mener à des catastrophes. Le danger totalitaire ne sera jamais écarté de façon certaine et définitive. Il faut donc être vigilant, ne jamais accepter qu'on nous prive de nos libertés, à chaque instant, se demander si ce qui est en train de se passer est juste, à chaque instant, lutter contre l'intolérance et l'exclusion. C'est le sens que je donne à mon histoire. À Birkenau, avant de partir pour le *Revier*, des femmes me disaient : « Si vous rentrez, il faudra leur dire. Ils ne vous croiront pas, mais il faudra leur dire. »

Jankiel Fensterszab, le père d'Ida.

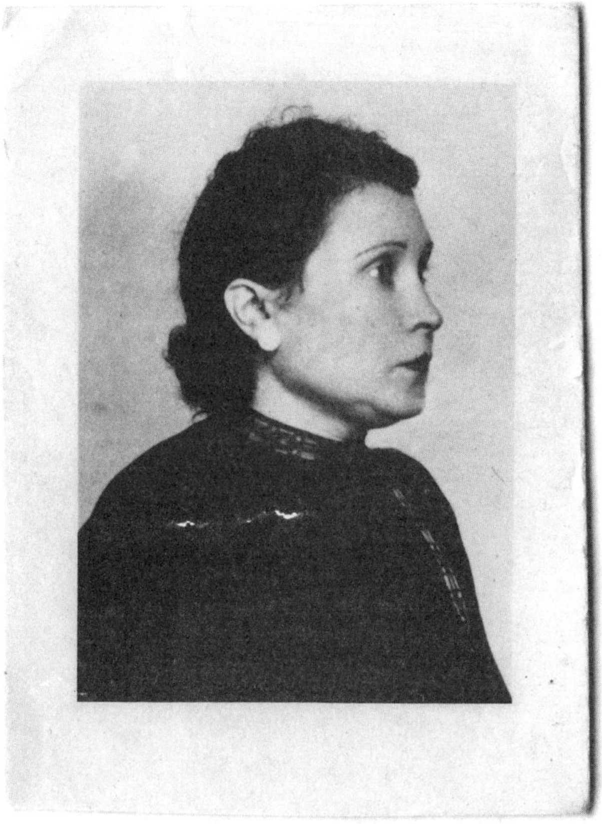

Hélène Fensterszab, la mère d'Ida.

Depuis 1942, Ida porte une houppette
qui lui donne un air plus âgé.

Alice Marché et Ida au Jeune-Lié, en 1943.
Ida a 14 ans.

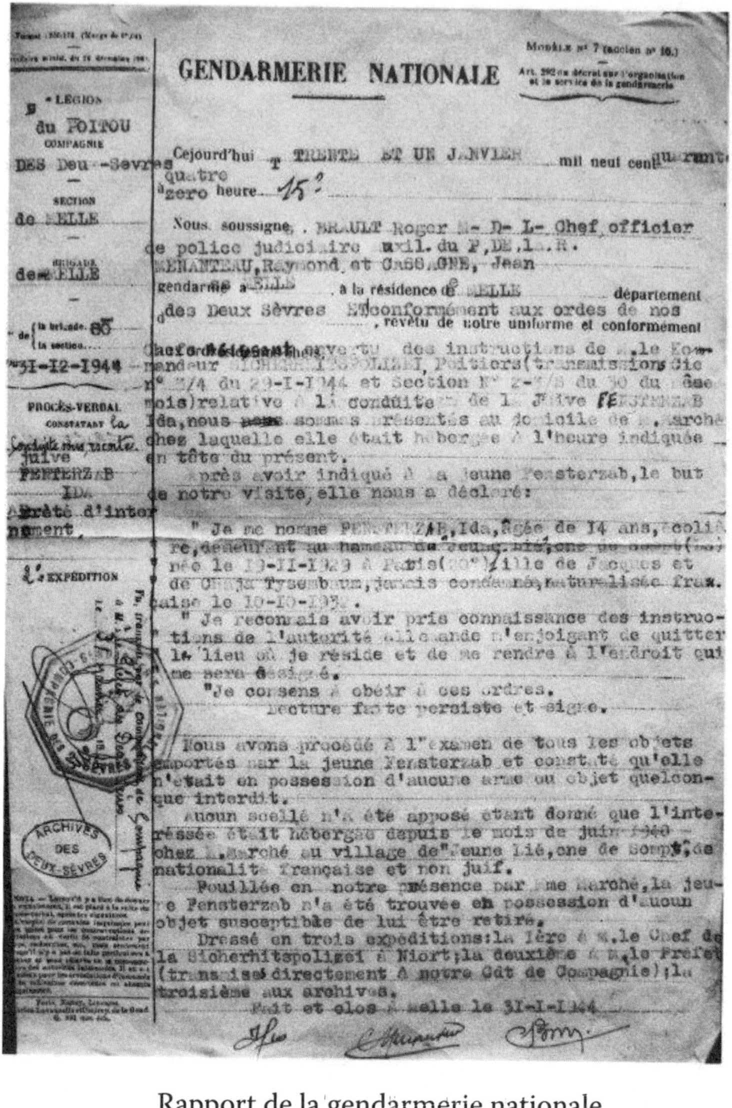

GENDARMERIE NATIONALE

MODÈLE n° 7 (ancien n° 16.)

LÉGION du POITOU
COMPAGNIE DES Deux-Sèvres
SECTION de MELLE
BRIGADE de MELLE

PROCÈS-VERBAL CONSTATANT la conduite sous escorte juive FENSTERZAB IDA arrêté d'internement.

Cejourd'hui TRENTE ET UN JANVIER mil neuf cent quarante quatre à zero heure 15

Nous soussigné, BRAULT Roger M-D-L-Chef officier de police judiciaire auxil. du P. DE LA R. MENANTEAU, Raymond et CASSAGNE, Jean gendarmes à MELLE à la résidence de MELLE département des Deux Sèvres ET conformément aux ordres de nos Chefs, revêtu de notre uniforme et conformément agissant en vertu des instructions de M. le Kommandeur SICHERHEITSPOLIZEI, Poitiers (transmissions Cie n° 3/4 du 29-I-1944 et Section N° 2-T/S du 30 du même mois) relative à la conduite de la Juive FENSTERZAB Ida, nous nous sommes présentés au domicile de M. Marché chez laquelle elle était hébergée à l'heure indiquée en tête du présent.

Après avoir indiqué à la jeune Fensterzab, le but de notre visite, elle nous a déclaré :

" Je me nomme FENSTERZAB, Ida, âgée de 14 ans, écolière, demeurant au hameau de Jeune Lié, cne de Sompt (D.-S.) née le 13-II-1929 à Paris (20e) fille de Jacques et de Chaja Tysembaum, jamais condamnée, naturalisée française le 10-10-193.

" Je reconnais avoir pris connaissance des instructions de l'autorité allemande m'enjoignant de quitter le lieu où je réside et de me rendre à l'endroit qui me sera désigné.

" Je consens à obéir à ces ordres.

Lecture faite persiste et signe.

Nous avons procédé à l'examen de tous les objets emportés par la jeune Fensterzab et constaté qu'elle n'était en possession d'aucune arme ou objet quelconque interdit.

Aucun scellé n'a été apposé étant donné que l'intéressée était hébergée depuis le mois de juin 1940 chez M. Marché au village de "Jeune Lié, cne de Sompt, de nationalité Française et non juif.

Fouillée en notre présence par Mme Marché, la jeune Fensterzab n'a été trouvée en possession d'aucun objet susceptible de lui être retiré.

Dressé en trois expéditions : la 1ère à M. le Chef de la Sicherhitspoligei à Niort ; la deuxième à M. le Préfet (transmise directement à notre Cdt de Compagnie) ; la troisième aux archives.

Fait et clos à Melle le 31-I-1944

ARCHIVES DES DEUX-SÈVRES

Rapport de la gendarmerie nationale
relatant l'arrestation d'Ida Fensterszab, le 31 janvier 1944.

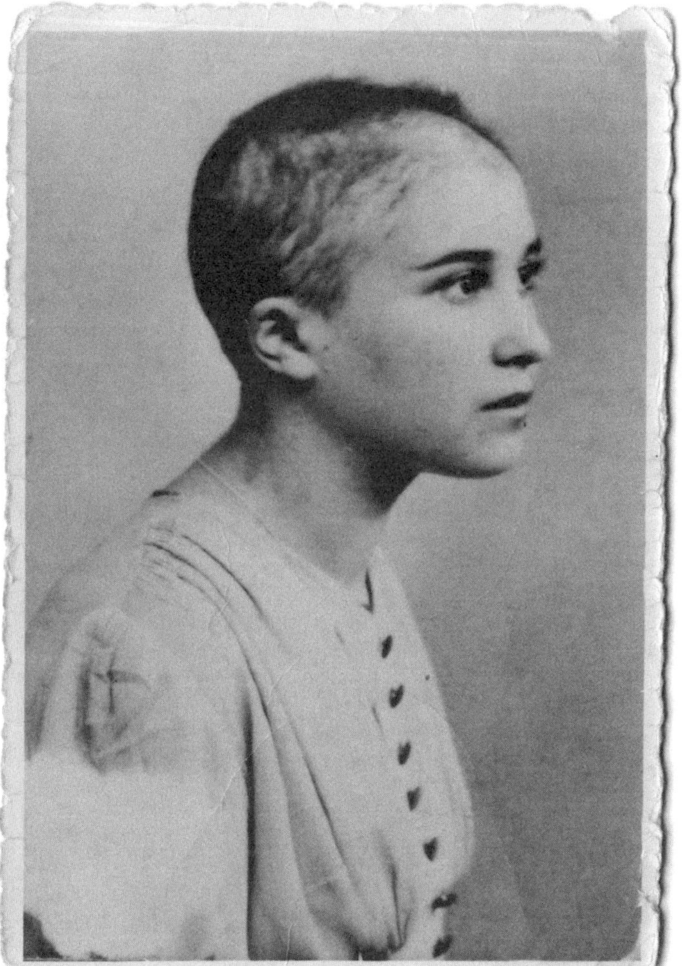

Ida peu après son retour à Paris, le 18 juillet 1945.

Ida Fensterszab à la fin des années 1940.

Henri Borlant

Déporté à 15 ans,
le 20 juillet 1942, par le convoi n° 8

« Nous étions une famille française »

Je m'appelle Henri Borlant. Je suis né le 5 juin 1927. Avant d'émigrer en France, Aron Borlant, mon père, vivait près d'Odessa, ma mère, Rachel Beznos, à Kichinev, en Russie, où, en 1903, un pogrom meurtrier avait saccagé la ville[1]. Mes grands-parents maternels, Sarah Grenitz et Hersch Beznos, ont décidé de quitter la Russie en 1912. Les États-Unis étaient leur rêve, mais ils ont dû s'installer à Paris faute d'argent. À cette époque, l'émigration apparaissait à bien des Juifs comme la seule issue tant il était devenu compliqué de vivre dans un pays où la persécution, l'insécurité et les difficultés économiques étaient le lot de la plupart d'entre eux. Ils avaient alors trois filles, Rachel, ma mère, qui avait 12 ans, Fanny et Pauline. Blanche, leur petite dernière, est née deux ans plus tard. Mes grands-parents sont devenus brocanteurs, les sœurs de Rachel sont allées à l'école, ont appris à lire et à parler français, et ont obtenu leur certificat d'études.

Ma mère s'est mariée à Paris en 1916 à l'âge de 16 ans avec Aron Borlant, qui en avait douze de plus. Mon père disait qu'il avait déserté l'armée du tsar car, comme beaucoup de

1. Le massacre de Kichinev le 6 février 1903, le lendemain de la Pâque russe, ouvre en Russie la période des grands pogroms. Les Juifs sont rendus responsables, à tort, de la mort d'un jeune chrétien. 50 Juifs sont tués, 600 blessés, des centaines de maisons saccagées, des magasins pillés et brûlés. La même année, un article du *New York Times* décrit ces massacres, concluant : « La ville est maintenant vidée de ses Juifs. » En 1905, un second pogrom dévaste à nouveau Kichinev.

Juifs d'Europe, son rêve, c'était la France, ce pays où la moitié de la population avait pris la défense d'Alfred Dreyfus ! De leur union sont nés dix enfants, Léon en 1917, Denise en 1921, Bernard en 1925. Je suis le quatrième. Après moi, il y eut Roger en 1929, Odette en 1931, Jeannette en 1932 – elle ne vivra que trois ans –, France en 1934, Madeleine en 1936, puis Raymonde, en 1939.

Mon père était tailleur et avait un atelier à Montmartre. Ma mère, elle, s'occupait de nous et aidait mon père pour les finitions et les livraisons. En 1929, pendant la crise, mon père a dû fermer son atelier et devenir tailleur à domicile. J'ai grandi avec mes frères et sœurs dans une cité HBM (habitation à bon marché) au 159 de la rue du Château-des-Rentiers, dans le XIIIe arrondissement de Paris. Il n'y avait pas beaucoup de Juifs, mais notre situation ne nous semblait pas différente de celle des autres émigrés du quartier, des Italiens ou des Polonais. Nous savions que nos parents étaient d'origine étrangère, mais nous étions une famille française.

D'autant qu'à la maison, il y avait une réelle volonté d'assimilation. La religion n'y tenait pas une grande place, mais nous nous rassemblions quand même chez mes grands-parents le soir de la Pâque juive. Ma grand-mère semblait moins pieuse que mon grand-père, qui ne mangeait que casher. Elle, elle se régalait de tout… J'ai le souvenir d'une femme toujours souriante, qui adorait être entourée de ses petits-enfants. À la maison, on ne parlait que français, mon père avec un accent russe, ma mère avec un accent yiddish. Nous n'avions pas le droit d'user de gros mots, la langue du pays d'accueil devait être respectée ! Mais quand mes parents avaient des secrets à se dire, quand ils ne voulaient pas que nous, les enfants, les comprenions, ils s'exprimaient en russe.

Ma mère continuait aussi à parler yiddish avec ses parents. Il y avait des mots qu'elle ne disait que dans ces langues : *zay gezunt* (« à vos souhaits », en yiddish), *smotri syuda* (« regarde par ici », en russe), quand l'un de nous faisait quelque chose d'inattendu ou à l'occasion des premiers pas d'un bébé, par exemple ! Nous ne comprenions que quelques expressions. Pour moi, c'étaient la culture et la langue dont nous étions issus, d'où nous venions, mais, grâce à nos parents et à l'école, l'identité que nous nous construisions était française. En 1927, mes parents ont été naturalisés, et ce n'est d'ailleurs pas un hasard si une de mes petites sœurs fut prénommée France !

« Il valait mieux ne pas être juif »

Au mois d'août 1939, alors que la menace de guerre se précisait, la crainte des bombardements a incité les autorités parisiennes à faire évacuer certains quartiers. À la fin de l'été, ma mère, presque à terme de Raymonde, mes frères et sœurs et moi sommes partis pour le Maine-et-Loire, à Saint-Lambert-du-Lattay[2], dans les coteaux du Layon. Mon père et mon frère aîné Bernard sont restés à Paris pour continuer à travailler et nous envoyer de quoi vivre. Léon, appelé pour le service militaire en 1937, ne fut, quant à lui, pas démobilisé et resta sur le front. Moins d'un an plus tard, après la défaite, quand les Allemands ont occupé Paris, mon père et Bernard nous ont rejoints.

2. Le 30 août 1939, 2 600 Parisiens arrivent à la gare d'Angers-Saint-Laud. Il faut donc à la municipalité trouver rapidement dans la ville ou les communes environnantes des structures susceptibles d'accueillir les réfugiés, pour la plupart originaires des XIIIe et XVe arrondissements de Paris.

Léon, prisonnier de guerre, libéré en 1941, passa aussitôt dans la Résistance.

Nous nous sommes donc installés à Saint-Lambert-du-Lattay et avons découvert la vie à la campagne. Malgré la guerre, nous vivions heureux. Nous écoutions Radio Londres et n'avions que peu d'informations. Nous ne nous sentions pas menacés, mangions à notre faim, faisions du vélo avec nos copains, allions à la pêche et élevions même des lapins dans un des jardins que la mairie nous avait attribué. Au village, nous étions très appréciés et je peux dire aujourd'hui que nous étions plutôt bien intégrés.

Sur ces terres très catholiques, nous étions français avant tout et fiers de l'être. Nous n'éprouvions même pas le besoin d'évoquer les origines juives de nos parents. Et puis, à l'école, le prêtre qui faisait la classe disait que les Juifs étaient responsables de la mort de Jésus. Un jour, il a même demandé à mes parents l'autorisation de nous baptiser. Mon père savait que tant que la guerre durerait, il valait mieux ne pas être juif et a donc accepté la proposition du maître d'école. J'ai été baptisé avec mes frères et sœurs en 1941, sans poser de questions. Par la suite, j'ai fait ma communion solennelle et ma confirmation.

À l'école, j'étais premier en instruction religieuse. Je suis devenu un vrai petit catholique pratiquant et très croyant ! Des vieilles dames m'appelaient « le petit Jésus » parce que j'étais pieux et que je travaillais bien à l'école. À l'époque, je voulais même devenir prêtre, sans doute par admiration pour mon maître[3], avec qui j'ai eu de longues conversations après

3. Après la guerre, le prêtre qui faisait la classe à Henri retrouve son ancien élève. Ils ont entretenu des relations très amicales jusqu'au décès du prêtre.

la guerre… La foi, je l'ai gardée jusqu'à mes 18 ans. Elle m'a accompagné à Auschwitz.

Je me demande souvent ce que je savais à l'époque des arrestations et de la persécution des Juifs. En fait, je ne devais pas être particulièrement inquiet. Nous ignorions tout des déportations et des camps. Nous n'entendions même pas parler de rafle, bien qu'à Paris, il y en avait déjà eu[4]. J'ai su beaucoup plus tard que mon père était allé nous déclarer comme juifs à la Préfecture quand la loi l'a ordonné[5]. Peut-être s'était-il dit alors que le baptême nous protégerait…

Mais, en 1942, la politique antisémite s'est considérablement durcie[6]. Angers tenait une place centrale dans le dispositif administratif et militaire de la puissance occupante. C'était une des villes les plus importantes de la France occupée, qui exerçait une fonction de commandement sur les dix-sept départements de l'Ouest. Angers abritait une cinquantaine d'organismes allemands, dont beaucoup de

4. Le 14 mai 1941, 3 710 hommes juifs étrangers sont raflés à Paris lors de la rafle dite « du billet vert », en raison de la couleur de la lettre de convocation au commissariat que ces hommes avaient reçue. Du 20 au 25 août 1941, une deuxième rafle de la police parisienne arrête, à leur domicile, 4 232 Juifs des XIe et XIIe arrondissements. Le 12 décembre de la même année, les autorités allemandes, assistées de la police française, arrêtent 743 Juifs, en majorité français. La plupart de ces hommes sont déportés dans les premiers convois vers le camp d'Auschwitz.

5. Le 27 septembre 1940, à la suite de la première ordonnance prescrivant le recensement des Juifs en zone occupée, un fichier des Juifs est établi dans chaque préfecture.

6. Le 20 janvier 1942, la conférence de Wannsee organise la « solution finale » de la question juive. En d'autres termes, elle met au point l'extermination des Juifs d'Europe. Les camps de mise à mort de Belzec, Sobibór et Treblinka sont mis en service dans les mois qui suivent. Le 22 juillet, les Juifs du ghetto de Varsovie commencent à être déportés vers Treblinka.

services de renseignements et de répression à rayonnement régional[7]. Au mois de juin 1942, la SIPO-SD[8], la police de sûreté et les services de sécurité, s'est installée à Angers. À sa tête, le commandant Hans Dietrich Ernst[9] fit alors de la capitale du Grand Ouest un grand centre de répression antijuive en mettant un zèle tout particulier à appliquer la « solution finale ».

« Nous n'étions coupables de rien... »

J'avais à peine 15 ans quand nous avons été arrêtés. C'était le 15 juillet 1942. Des soldats allemands de la Feldgendarmerie ont violemment frappé à notre porte. Ils avaient une liste et arrêtaient tous ceux qui avaient entre 15 et 50 ans. Ma mère, qui avait 42 ans, Denise, Bernard et moi figurions donc sur cette liste. Mon frère, qui avait 17 ans, était alors commis de ferme et n'était pas à la maison. Les Allemands l'ont fait chercher. Il est arrivé en sabots, et c'est en sabots qu'il a été déporté... Mon père avait 54 ans et a pu rester avec mes

7. Angers est placée sous l'autorité du général-lieutenant Neumann-Neurode jusqu'en 1942. La ville abrite la Kommandantur, l'état-major allemand, la Feldkommandantur, les services de la Standeskommandantur (le service du logement chez l'habitant), le service des Ausweis et les bureaux de la propagande. En 1943, 256 immeubles, 641 chambres et appartements ainsi qu'une cinquantaine de bâtiments sont occupés par les Allemands.
8. La Sicherheitspolizei regroupe deux organes : la Gestapo et la Kripo, la police criminelle.
9. Hans Dietrich Ernst arrive à Angers en 1942. D'après Serge Klarsfeld, il serait responsable de la déportation de 84 463 Français et de près de 2 000 Juifs étrangers. Il ne fut jamais arrêté mais condamné plusieurs fois à mort par contumace.

plus jeunes frères et sœurs[10]. Dans le camion dans lequel nous sommes montés, il n'y avait que des soldats allemands. Ils nous ont conduits à Angers, nous ont enfermés dans le Grand Séminaire[11], qui avait été réquisitionné, et nous ont pris nos papiers et notre argent. Je ne me souviens pas de tout, mais je sais que Bernard et moi avons été séparés de ma mère et Denise, et entassés avec d'autres dans des chambres minuscules.

Deux jours après, mon père nous a rejoints en nous disant que les autorités allemandes avaient ramené maman à la maison. Nous ne savions pas pourquoi et je ne connais, malgré mes recherches, toujours pas les raisons de cet échange...

De toute façon, ma mère n'était pas en état de travailler et nous pensions encore, à ce moment-là, qu'on nous avait arrêtés parce que l'Allemagne avait besoin de main-d'œuvre, le Service du travail obligatoire (STO) ne donnant pas les résultats escomptés. En effet, dans les campagnes, beaucoup d'hommes s'étaient cachés pour ne pas partir en Allemagne et avaient pris le maquis. Nous voyions bien en revanche qu'on arrêtait seulement les Juifs, mais nous ne savions pas du tout où nous irions...

10. Les autorités allemandes remirent sans doute une liste avec les effets personnels à emporter. Il y avait : une paire de chaussures pour le travail, deux chemises, deux paires de caleçons, deux couvertures de laine, deux paires de draps, une gamelle, un gobelet d'étain, une cuillère, un pull et les articles de toilette nécessaires, savon, peigne, essuie-mains...

11. Cette rafle, la plus grande opérée dans le Maine-et-Loire, a lieu la veille de la rafle du Vél'd'Hiv (voir la note 6, pages 22-23). 275 personnes sont arrêtées à Angers, 332 à Tours, 98 en Loire-Inférieure (aujourd'hui Loire-Atlantique), 230 à Laval et au Mans. Les Juifs de Saumur sont également raflés. Les personnes arrêtées sont rassemblées à l'intérieur du Grand Séminaire d'Angers.

Une rumeur circulait : on nous envoyait faire les moissons en Ukraine. Est-ce les Allemands qui le disaient ? Est-ce que les gens l'imaginaient ? Je ne sais toujours pas. En tout cas, à aucun moment nous n'avons pensé que l'on nous déportait pour être exterminés !

Moi qui avais toujours 10 en conduite, qui étais très obéissant, qui ne me bagarrais jamais, qui essayais toujours de bien faire, pourquoi les Allemands m'avaient-ils arrêté ? Pourquoi faisaient-ils cela à mon père, à mon frère et à ma sœur ? Nous n'étions pourtant pas des bandits, nous n'étions coupables de rien…

« Maman chérie, il paraît que nous partons en Ukraine pour faire les moissons… »

Nous sommes restés cinq jours au Grand Séminaire. Le 20 juillet, les Allemands nous ont entassés dans des wagons à bestiaux[12] et nous avons attendu longtemps, sans eau et sans ravitaillement. Nous ne pouvions pas nous allonger et étions « encastrés » les uns dans les autres. Puis, après des heures d'attente, le train est parti. Denise était dans un autre wagon. À Versailles, où le train a fait un arrêt, des gens ont écrit des lettres qu'ils ont jetées sur la voie. J'avais gardé un petit carnet et j'ai fait de même : « Maman chérie, il paraît que nous partons en Ukraine pour faire les moissons… » Un employé a ramassé ma lettre et l'a fait

12. Le convoi n° 8 est un des seuls, avec celui du 11 août 1944, à acheminer directement les détenus vers Auschwitz-Birkenau et à ne pas passer par le camp de transit de Drancy. Dans ce convoi, les hommes ont été séparés des femmes dès le départ, et non à l'arrivée au camp.

parvenir à ma mère avec un mot de sympathie signé : « Un cheminot ».

Le voyage fut effroyable. Nous n'avions rien à manger et à boire. Dans un coin, il y avait un baquet pour faire nos besoins. Dès qu'il a été plein, ça a débordé. Nous étions en juillet, il faisait très chaud et nous étouffions. Seule une petite lucarne laissait entrer un peu d'air. Nous étions très anxieux, angoissés, et nous pensions à ma mère. Comment allait-elle faire, sans argent, sans ses aînés, pour nourrir ses cinq enfants ? Puis l'envie de faire pipi nous prenait, mais on ne pouvait pas, pas devant tout ce monde... Pourtant, il fallait bien s'y résoudre. Nous prenions des couvertures et des manteaux pour essayer de nous cacher au mieux. Pour des gens qui vivaient en liberté quelques jours auparavant, c'était insupportable... Et puis, au bout de trois jours et trois nuits, nous sommes arrivés au milieu de nulle part, là où la voie de chemin de fer s'arrêtait. Jusqu'en mai 1944, les convois s'arrêtaient en effet à l'extérieur du camp.

« C'était l'enfer »

Vers 4 heures de l'après-midi, les portes du wagon se sont ouvertes. Nous étions à Auschwitz-Birkenau, ce que nous ignorions alors, contents et soulagés d'être enfin arrivés. Mais, dès les premières minutes, ce fut un enfer. On frappait sur les parois des wagons, on entendait des cris, des ordres hurlés dans une langue que nous ne comprenions pas. Nous avons sauté sur le ballast, mais les gens, ankylosés par le voyage, tombaient les uns sur les autres. Les chiens des soldats aboyaient et essayaient de nous mordre. Il fallait courir, toujours courir, aller vers l'avant du train, lâcher nos sacs, ne rien garder dans les mains, on nous le hurlait en allemand, mais moi je ne comprenais pas. Je regardais ceux qui avaient l'air de comprendre. Les coups pleuvaient et les cris étaient de plus en plus forts[13].

À l'avant du train, des officiers SS séparaient les hommes des femmes. Moi, je tenais toujours mon père et mon frère par la main. Les personnes âgées, les blessés, les malades, les femmes enceintes ou avec des enfants sont montés dans des

13. Lorsque la haute Silésie, en Pologne, est annexée au Reich en septembre 1939, la ville d'Oświęcim reprend son ancien nom germanique : Auschwitz. En avril 1940, alors que la répression contre la population polonaise s'amplifie, Heinrich Himmler, le chef de la SS, décide d'aménager le site – une ancienne caserne – en camp de concentration pour vider les prisons de Silésie. L'endroit est choisi, en plus des structures déjà en place, pour sa bonne desserte ferroviaire et les vastes terrains alentour : ces derniers servent autant à prévoir les futurs agrandissements qu'à assurer un certain isolement au camp lui-même. Le 20 mai, une trentaine de prisonniers de droit commun allemands en provenance de Sachsenhausen arrivent pour servir d'auxiliaires de la SS. Ils sont numérotés de 1 à 30 et placés dans le bloc 1. Ils sont suivis le 29 août d'une centaine d'autres qui occupent les postes clés au sein du camp. 300 Juifs de la ville d'Oświęcim sont réquisitionnés pour la construction du camp. Le 14 juin, 728 détenus polonais de la prison de Tarnow rejoignent le camp.
Au début du mois de juillet 1940, 123 maisons proches du camp sont détruites et les matériaux récupérés pour servir à l'agrandissement du camp. La première évasion, le 6 juillet, entraîne la sécurisation de la zone dans un rayon de 6 kilomètres. Au début du mois de mars 1941, Himmler visite le camp et annonce la création d'un camp de prisonniers de guerre dépendant d'Auschwitz qui sera destiné, plus tard, à détenir des prisonniers de guerre soviétiques. Pour ce faire, le village de Brzezinka (Birkenau, en allemand), au nord-ouest d'Auschwitz, est rasé. À la même période, des déportés entament la construction du camp de Birkenau.

camions. C'était la première sélection[14], mais je ne le savais pas encore[15].

Une fois dans le camp, nous avons été conduits dans une salle et on nous a ordonné de nous mettre tout nus. J'avais 15 ans, j'étais très pudique, je ne m'étais même jamais mis nu devant mes parents. Cela me paraissait un ordre impossible à exécuter… Il a fallu les coups pour s'y résigner. Puis des déportés nous ont tondu le crâne, d'autres nous ont entièrement rasés, nous obligeant à prendre des positions très humiliantes. Nous avons été tatoués sur l'avant-bras gauche : je porte le numéro 51 055. Le numéro de matricule[16], c'est quelque chose que l'on apprend à comprendre très vite car nous n'avons

14. La sélection est une des particularités d'Auschwitz-Birkenau, camp de concentration et d'extermination. La première sélection attestée a lieu le 4 juillet 1942. On estime qu'à l'issue de cette première sélection, à l'arrivée, environ 20 % des Juifs sont laissés en vie et désignés pour le travail. De 1942 à 1944, sur les 1 100 100 Juifs déportés à Auschwitz-Birkenau, près de 865 000 hommes, femmes et enfants ont été gazés dès leur arrivée au camp.
15. Selon Serge Klarsfeld, le convoi n° 8 transportait 824 personnes, dont 430 femmes. La majorité avait entre 34 et 47 ans. 23 personnes ont été gazées dès l'arrivée. En 1945, 19 hommes et 1 femme avaient survécu. Henri, qui, à la Libération, ne passa pas par l'hôtel Lutetia, ne fut pas immédiatement compté par Serge Klarsfeld parmi les survivants du convoi. L'année 1942 est celle qui a été la plus meurtrière : 42 000 Juifs ont été déportés en 43 convois vers Auschwitz-Birkenau.
16. À Auschwitz-Birkenau, les détenus sont « marqués » : les détenus politiques portent un triangle rouge (jusqu'en 1942, c'est la catégorie la plus nombreuse), les « criminels » un triangle vert – ce sont parmi eux que les Allemands recrutent les kapos chargés du maintien de l'ordre et de l'organisation du travail à l'intérieur du camp –, les « asociaux » (comme les Tsiganes et les vagabonds) un triangle noir, les homosexuels un triangle rose, les Témoins de Jéhovah un triangle violet ; les détenus juifs une étoile de David jaune, qui peut être combinée avec un triangle de couleur si le prisonnier appartient aussi à une autre catégorie. Le tatouage sur le bras, qui permet aux SS de tenir les registres, est une particularité du camp d'Auschwitz-Birkenau et commence en 1942.

pas le choix. Si nous ne saisissions pas rapidement ce qu'ils disaient, les Allemands nous frappaient. C'est d'ailleurs comme ça que j'ai commencé à apprendre les langues étrangères...

On nous a ensuite jeté un paquet de vêtements humides, des pyjamas rayés[17], ainsi que des chaussures à semelle en bois rigide avec de la toile dessus, qu'on avait du mal à garder aux pieds. Puis nous avons reçu l'ordre de courir vers une baraque.

« La seule raison de ce travail était de nous épuiser et de nous faire crever un peu plus vite »

Au début, à Birkenau[18], j'étais avec mon père et mon frère, au bloc 9. Nous étions dans des baraques en terre et en bois, avec trois rangées de paillasses à étages. On nous disait que l'on ne sortirait d'ici que par la cheminée, et c'est vrai que, plus tard, on verrait des cheminées fumer et que l'on sentirait l'odeur de la chair brûlée. Nous avons très vite su que ceux qui n'étaient pas entrés dans le camp avaient

---

17. Les détenus, hommes comme femmes, portent l'uniforme rayé. Mais, avec l'augmentation du nombre de prisonniers et les difficultés économiques du IIIe Reich, les tenues ne peuvent plus être livrées en nombre suffisant : à partir de 1942, une partie des détenus portent des vêtements pris aux Juifs assassinés dans les chambres à gaz.

18. Birkenau, qui s'étend sur 175 hectares (le « complexe » d'Auschwitz a une superficie totale de 42 kilomètres carrés) entre en fonction au début de l'année 1942. En allemand, ce nom signifie « la petite prairie aux bouleaux ». Birkenau comportait trois camps : un camp de quarantaine qui ne fut jamais achevé, un camp destiné aux femmes et un autre aux hommes. Contrairement au camp souche, Auschwitz I, où les blocs étaient en briques, ils étaient, à Birkenau, construits en bois directement sur le sol de terre battue.

été gazés et enterrés dans des fosses communes. Car, à ce moment-là, il n'y avait pas de crématoire à Birkenau.

Les autres, comme nous, étaient destinés à mourir de faim, d'épuisement ou de coups de bâton. L'extermination était encore « artisanale ». Puis, en 1943, quand les chambres à gaz sont entrées en fonction, elle est vraiment devenue industrielle[19].

Au bout d'une dizaine de jours, mon frère et moi avons été séparés de notre père et envoyés dans une baraque de jeunes au bloc 16, où il y avait des poux partout. Ça nous démangeait en permanence, on se grattait jusqu'au sang. J'ai rapidement attrapé le typhus. J'avais 40 °C de fièvre. Puis j'ai eu la dysenterie. J'étais très malade, mais encore solide, ce

19. Birkenau est à la fois un camp de concentration et un centre de mise à mort mixte. La mise en place des techniques d'extermination d'un maximum de personnes de la façon la plus rapide possible est progressive à Auschwitz, comme dans toute l'Europe occupée.
Le crématorium d'Auschwitz, dit K1, est construit en juillet 1940 pour brûler les corps des travailleurs chargés des premiers aménagements du camp, mais sa capacité est insuffisante et deux autres fours sont ajoutés au crématoire. En janvier 1942, la morgue est transformée en chambre à gaz. Les deux premières structures homicides aménagées à Birkenau entre mars et juin 1942 sont les « bunkers » 1 et 2 situés à plusieurs centaines de mètres du camp. Lors de la construction de Birkenau, deux fermes du village de Brzezinka avaient échappé à la destruction pour servir de chambres à gaz provisoires. Leur activité est exponentielle, comme en témoigne le nombre de détenus employés à leur fonctionnement : 80 à leur ouverture en 1942, 300 quelques mois plus tard, en septembre. Les corps gazés étaient enterrés dans des fosses creusées dans une clairière proche ou brûlés à l'air libre. Au printemps 1943, avec la mise en place des chambres à gaz couplées avec des crématoires, les deux « bunkers » sont mis hors service. Un des deux sera de nouveau utilisé au printemps 1944. Le 15 août 1942 est adopté le second plan d'agrandissement de Birkenau, qui prévoit l'édification de quatre immenses chambres à gaz dotées de crématoires : les crématoriums II, III, IV et V (KII, III, IV, V) sont achevés au printemps 1943 et mis en service progressivement.

qui m'a permis de guérir. Et puis Bernard était encore à mes côtés… Il m'a soutenu et a veillé sur moi. Sans lui, j'aurais été bon pour le *Revier*[20], alors qu'on nous répétait qu'il ne fallait surtout pas y aller, que l'on ne nous soignait pas et que c'était « l'antichambre » de la chambre à gaz.

Nous avons rapidement intégré des kommandos de travail. Chacun d'eux était commandé par un kapo, généralement un prisonnier de droit commun, un triangle vert, sorti de prison pour venir semer la terreur et la mort dans le camp. La plupart d'entre eux étaient de véritables tueurs secondés par des sous-chefs qui, gourdin à la main, nous rouaient de coups et nous hurlaient des insultes en allemand. Très vite, j'ai appris quelques mots d'allemand, de yiddish, de polonais et de russe, toutes ces langues qui se parlaient au camp. Nous étions en plein été et devions, sous un soleil de plomb, porter en courant des caisses en bois affreusement lourdes chargées de cailloux et de terre ! Si l'on renversait la caisse, nous prenions des coups ; mais, de toute façon, si nous réussissions, nous prenions aussi des coups. Le lendemain, nous rapportions la terre où nous l'avions prise, toujours sous les coups. La seule raison de ce travail était de nous épuiser et de nous faire crever un peu plus vite. Dès les premiers jours, beaucoup d'entre nous sont morts d'épuisement. Nous étions en été, la chaleur était insupportable et les journées n'en finissaient pas…

Après les onze heures réglementaires de travail, de 6 heures à 17 heures, il y avait l'appel. Il fallait que nous soyons tous là, vivants ou morts, et que les comptes soient exacts ! Certains kommandos revenaient avec dix ou quinze morts que les

20. Voir la note 26, page 49.

autres prisonniers devaient porter sur leur dos ou transporter dans des charrettes avant que des camions viennent les chercher pour les brûler. Un orchestre jouait à la porte du camp pour nous imposer la cadence de la marche[21]. Et puis il y avait aussi des morts qu'on ne retrouvait pas. Des cadavres, il y en avait partout...

Il y avait aussi les « muselmans »[22], ces détenus d'une maigreur extrême, qui erraient comme des fantômes. Ils ne savaient même plus qui ils étaient ni où. Quand on les interrogeait, il fallait regarder leur matricule parce qu'ils ne se souvenaient plus de leur nom. Ils éprouvaient même des difficultés pour retrouver leur baraque. Bien souvent, les comptes n'étaient donc pas exacts et l'appel durait des heures.

Pendant ce temps-là, il y en avait qui mouraient debout, qui tombaient... Le SS s'énervait, comptait et recomptait sans cesse pendant que nous restions des heures sans bouger, sous la neige, la pluie ou la chaleur extrême. Il m'arrivait de ne plus voir clair, de ne plus distinguer la baraque d'en face, et de m'écrouler. Lorsque le SS passait pour recompter,

---

21. C'est Rudolf Höss qui donne, en janvier 1941, l'ordre d'organiser à Auschwitz un orchestre de prisonniers comme il en existe dans d'autres camps de concentration. Il sert, de façon très ironique, à l'efficacité des allers et retours des kommandos en imprimant un rythme plus fluide aux déplacements des détenus. L'orchestre peut également être appelé à donner des concerts l'après-midi devant la villa du commandant du camp. Pendant l'été 1942, d'autres formations musicales sont créées à Birkenau.

22. Dans l'argot du camp, « muselman » désigne les détenus à bout de forces, atones, qui ont souvent perdu la tête. L'origine de ce mot est discutée : il peut venir du terme allemand *Mühsal*, qui signifie « peine, difficulté ». Il peut également, comme le suggère Primo Levi, être une contraction de *Muschel Mann*, « l'homme-coquillage », illustrant l'état de prostration de ces hommes.

mon frère me relevait. Grâce à lui, j'ai plusieurs fois évité la chambre à gaz !

Je suis resté deux mois avec mon frère. Un jour, j'ai été désigné pour aller travailler à Auschwitz I, à 3 kilomètres de Birkenau. Jamais je ne reverrai Bernard.

« Plutôt souffrir que mourir, c'est la devise des hommes » (Jean de La Fontaine)

Je suis resté un an à Auschwitz I[23], au bloc 7. À cette époque, près de 8 000 déportés travaillaient à l'extension du camp et à la construction de nouvelles chambres à gaz, les crématoriums II, III, IV et V.

J'ai intégré le kommando de maçonnerie, la Maurerschule[24], une « école » du bâtiment où les plus jeunes détenus appre-

23. Le découpage d'Auschwitz-Birkenau en Auschwitz I, II et III date de 1943. Auschwitz I est le camp souche. Entre 1942 et 1944, il compte plus de 40 camps secondaires et une trentaine de blocs en briques pouvant loger environ 18 000 déportés. Le site comporte une place de rassemblement *(Appelplatz)*, des cuisines, des douches, un local avec des planches sommaires faisant office de latrines, une salle pour l'hôpital et l'infirmerie. À l'entrée du camp, l'inscription *Arbeit macht frei* (« le travail rend libre ») est portée par deux colonnes en briques. Une chambre à gaz expérimentale est « aménagée » au sous-sol du bloc 11, dit « le bloc de la Mort », isolé par une enceinte du reste du camp. Une seconde chambre à gaz plus grande est construite en 1942 dans le bâtiment du crématorium. L'aménagement d'Auschwitz fut un chantier sans fin et se poursuivait encore lors des premières évacuations du camp, en novembre 1944.

24. Selon les époques, la Maurerschule accueille de 250 à 800 apprentis. Dans son livre *Une école du bâtiment à Auschwitz*, paru en 1993, Charles Papiernik, un camarade d'Henri un peu plus âgé, s'interroge sur le sens d'une telle structure : est-ce de la propagande ou le réel besoin d'une main-d'œuvre qualifiée ?

naient les rudiments du métier de maçon. Moi, je transportais surtout des sacs de ciment et du sable dans une brouette et je déchargeais des wagons de briques. Je terminais bien souvent les mains en sang… L'hiver, lorsque nous posions des rails de chemin de fer, la peau collait à l'acier et s'arrachait. Et puis, mal chaussés, nous avions tous des plaies aux pieds.

À Auschwitz I, les blocs, en briques, étaient plus propres – c'était une ancienne caserne –, mais, au bloc 7, le chef de baraque[25], un droit commun d'une violence redoutable, semait la terreur. La nuit, quand on allait aux toilettes, il y avait un rituel très compliqué à respecter. Alors que nous étions tous dans un piteux état, épuisés, malades, nous devions prendre nos chaussures à la main et avancer nu-pieds jusqu'à l'entrée des latrines. Puis il fallait remettre nos chaussures et à nouveau se déchausser en sortant. Le chef guettait la moindre erreur de notre part et, si nous ne suivions pas strictement la procédure, il nous faisait monter au grenier, ouvrait les fenêtres, en plein hiver, nous faisait mettre nus, plier les genoux, tendre les mains, sauter, nous allonger par terre, nous relever et recommencer. Il nous frappait lorsque nous tombions et nous jetait des seaux d'eau glacée. Et le lendemain, nous repartions au travail épuisés… J'ai appris depuis que je suis l'un des rares à avoir survécu à ces traitements le plus souvent mortels.

Ces tortures nous enlevaient ce qui nous aidait à tenir, l'espoir. Nous savions que nous allions mourir, pourtant nous nous accrochions. Parce que « plutôt souffrir que

25. Il s'agit d'Alfred Olszewsky. Dans *Une école du bâtiment à Auschwitz*, Charles Papiernik évoque précisément ces séances de torture dans le bloc 7. Selon lui, parmi ceux qui auraient subi ce traitement, deux seulement auraient survécu, dont Henri Borlant.

mourir, c'est la devise des hommes », comme l'a écrit La Fontaine à la fin de « la Mort et le Bûcheron ». Parce que nous voulions rester en vie, ne pas faciliter la tâche des SS, dont le but était de tous nous exterminer et de ne laisser aucun témoin.

« Sans la solidarité, il n'y aurait pas eu de survivants »

Après environ un an, j'ai fait partie d'un groupe envoyé à Birkenau. J'ai eu beaucoup de mal à reconnaître le camp où j'étais arrivé en 1942, car Birkenau était à présent immense[26].

Cette année-là, j'ai été affecté à plusieurs kommandos différents[27]. Et pendant ces vingt-huit mois à Auschwitz-Birkenau, j'ai vécu les pires souffrances. J'ai vu des gens mourir sous les

26. Au mois d'août 1942, Birkenau accueille le camp des femmes qui avait été aménagé à Auschwitz quatre mois plus tôt. Pendant toute la durée de son existence, Birkenau fut constamment en travaux : en 1942, le secteur I était terminé ; en 1943-1944, le secteur II était encore en chantier. Il comprenait le camp des Tsiganes, le camp de quarantaine et l'infirmerie pour hommes, le « Canada » et le camp familial (réservé en grande partie aux déportés venant du camp-ghetto de Theresienstadt). En 1944, les travaux du secteur III commencent. Les nazis mettent à profit l'été 1944 pour loger les femmes juives dans des baraquements inachevés. Cette partie du camp est surnommée « le Mexique ». Les travaux de la partie IV n'ont jamais été entrepris.

27. L'historienne Annette Wieviorka a retrouvé des papiers à en-tête d'une firme de construction de route allemande, la Riedel Strassenbau, avec les noms, les matricules, les grades des déportés qui y avaient travaillé ainsi que les salaires prétendument versés aux prisonniers. Ces documents portent également la signature des déportés, mais celle-ci est à chaque fois différente, preuve que c'étaient les SS qui signaient.

coups, de faim, de fatigue. Nous recevions un litre de soupe à midi, 250 grammes de pain le soir avec un peu de margarine ou de la marmelade, tout dépendait du bon vouloir du chef de baraque ou du kapo. La faim est vite devenue une obsession, on ne pensait qu'à ça, on n'était que ça, on mourait littéralement de faim. La chaleur, elle aussi, était insupportable. En été, nous étions assoiffés, déshydratés. Nous devions à tout prix rester propres et passer inaperçus… Quand nous avions des diarrhées, il fallait courir aux toilettes, ce que nous n'avions pas le droit de faire. Mais dès que nous sentions mauvais, tout le monde avait envie de nous taper dessus. Et il fallait se laver, laver les pantalons que l'on avait souillés, éviter d'être sélectionné pour la chambre à gaz, cacher ses blessures et ses plaies…

C'est pourtant dans l'enfer de Birkenau que j'ai rencontré trois hommes formidables, Jacques Klinger, Désiré Hafner et Simon Gutmann, le chef de cuisine. Ils travaillaient au bloc 4, la première baraque à droite en entrant dans le camp, le siège du secrétariat central. Jacques était au secrétariat et Désiré, un Roumain venu faire ses études à Tours à cause du *numerus clausus* imposé aux Juifs en Roumanie, était le médecin de la baraque. Lui et moi avions fait partie du même convoi. À la fin du mois d'octobre 1943, Jacques Klinger a vu parmi les matricules de ceux qui venaient d'être transférés d'Auschwitz à Birkenau le n° 51 055. Or, à cette époque, presque tous les détenus portant les numéros du convoi n° 8 étaient morts. Jacques l'a fait savoir à Désiré Hafner, qui était lui aussi un « 51 000 » ! Il a vu mon nom sur la liste du bloc 29 et est aussitôt venu me voir. Nous avions l'impression d'être les deux seuls survivants de notre convoi ! Désiré, qui était alors un jeune adulte, m'a pris sous sa protection. Il me donnait des conseils pour que je ne tombe pas malade. C'est lui qui m'a raconté que, maintenant que les crématoires étaient construits, un kommando devait déterrer les cadavres et les brûler. C'est aussi lui qui m'a dit que le soir, lorsqu'ils rentraient au camp, ces hommes portaient l'odeur pestilentielle des cadavres, dont ils n'arrivaient pas à se débarrasser. Désiré Hafner fut pour moi un ami, un frère. C'est également lui qui m'a fait rencontrer Jacques.

Un jour, Jacques et Désiré ont appris qu'une grande sélection était prévue dans le camp et que tout le bloc 29 était menacé. Ils ont alors tenté de me faire passer avec un ami à moi, Raymond Naparstek, du bloc 29 au bloc 24, le kommando « Canada »[28], qui, vraisemblablement, serait épargné car il regroupait les détenus chargés de trier les effets personnels des nouveaux arrivants. C'était compliqué, il fallait des complicités partout, mais le kapo du « Canada » a accepté de leur faire cette faveur. Jacques Klinger et Désiré Hafner se sont démenés pour nous sauver. Hélas, quand tout a enfin été réglé et que Jacques a fait porter l'ordre de transfert au chef de notre bloc, les SS avaient déjà fait clouer des planches sur les portes de la baraque du bloc 29 pour nous empêcher de sortir. Nous avons donc subi cette sélection, en rangs par ordre d'ancienneté. Le SS a laissé passer les six premiers et a désigné tous les autres pour la chambre à gaz. Mon camarade et moi étions sauvés car nous faisions partie de ces six-là, et le transfert a bien eu lieu. J'ai

---

28. Dans la langue des camps, le « Canada », ou l'*Effektenlager*, est le kommando dans lequel les détenus s'occupent de trier les bagages confisqués aux arrivants, lesquels bagages sont ensuite envoyés en Allemagne. Voir la note 17, page 43.

passé seulement huit jours au « Canada », Raymond, lui, est resté jusqu'à la fin.

Ces deux hommes avaient essayé de me sauver la vie, car, à Auschwitz, on ne survivait pas si on était seul. Sans la solidarité, il n'y aurait de toute façon pas eu de survivants. On se confiait, on s'entraidait, on se soutenait, on se disait : « Si tu survis, tu raconteras... » Nous échangions nos adresses car c'était une façon de penser à la vie après.

Mais c'est la foi aussi, sans doute, qui m'a aidé ; durant toute ma déportation, j'ai prié. Je pensais à ma mère, je demandais à Dieu de veiller sur elle, avant que moi je ne puisse le faire. Le désir de la revoir m'a peut-être permis de tenir.

Aujourd'hui, quand on me parle de chance, je réponds que je ne sais pas si la survie est une question de chance : peut-on avoir de la chance 365 jours par an, pendant trois ans ? Je crois plutôt que le camp est une école, un apprentissage, un langage à apprendre et à connaître, des choses à faire, à ne pas faire. Quand j'ai été transféré à Birkenau, j'étais déjà un « ancien », j'en comprenais donc le fonctionnement, le mode d'emploi, les codes.

« Nous sommes partis vers l'inconnu »

Durant l'été 1944, l'Armée rouge progressait sur tous les fronts. Les Soviétiques étaient désormais à moins de 200 kilomètres d'Auschwitz-Birkenau.

Le 28 octobre, les SS ont décidé d'évacuer le camp[29]. Nous sommes ainsi partis vers l'ouest, vers l'inconnu. Nous nous sommes arrêtés au camp de Sachsenhausen, à une trentaine de kilomètres de Berlin, et y sommes restés huit jours.

Nous avons ensuite rejoint, moi et beaucoup d'autres, le camp d'Oranienburg[30], à quelques kilomètres de là. Nous logions dans de grands hangars de fabrication d'avions Heinkel. Chaque nuit, nous entendions les avions alliés qui bombardaient Berlin. Pour nous, cela signifiait que la guerre tournait court pour les nazis : c'étaient eux, enfin, qu'on visait ! Ils avaient peur, et cela nous soulageait. Vers la fin du mois de novembre, les Allemands nous ont transférés au camp d'Ohrdruf, à une soixantaine de kilomètres de celui de Buchenwald. Après vingt-huit mois passés à Auschwitz-Birkenau, ce camp représentait un changement considérable car il n'y avait pas de chambres à gaz. Les Allemands avaient

---

29. Les premières évacuations du camp se déroulent d'août à novembre 1944 et se poursuivent jusqu'en janvier 1945. Elles précèdent le dynamitage des crématoriums II, III et V de Birkenau par la SS. Le 27 janvier 1945, les troupes soviétiques pénètrent « par hasard » dans le camp où il ne reste que 7 000 prisonniers malades et mourants. Entre 1940 et 1945, 1 100 000 personnes sont mortes à Auschwitz-Birkenau, dont 960 000 Juifs, de 70 000 à 75 000 Polonais, 21 000 Tsiganes, 15 000 prisonniers de guerre soviétiques et 13 000 Tchèques, Biélorusses, Ukrainiens, Yougoslaves, Français, Belges et Autrichiens. 200 000 détenus seulement ont survécu.
30. Le camp d'Orianenburg-Sachsenhausen est créé en juillet 1936. Avant la guerre, il abritait des communistes et des Juifs allemands arrêtés notamment lors de la Nuit de cristal (9-10 décembre 1938), pogrom pendant lequel 6 000 d'entre eux sont déportés. Sachsenhausen est, avec Dachau, le camp modèle de la SS : c'est là que les premiers « camions à gaz » sont expérimentés en novembre 1941. Le camp est libéré le 22 avril 1945 par l'Armée rouge. Sur les 200 000 détenus à Sachsenhausen, on estime qu'il y a eu au moins 84 000 victimes.

toujours les moyens de nous tuer, mais ils étaient en train de perdre la guerre, et nous le savions.

À Ohrdruf, où je suis resté un peu plus de quatre mois, on nous a fait travailler sur les routes à transporter des cailloux[31]. Nous recevions continuellement des coups, sans raison particulière. Au bout de quelques jours, j'ai compris que je ne pourrais pas le supporter bien longtemps. Alors le matin, quand les kommandos se rassemblaient, je me cachais dans les toilettes pour ne pas quitter le camp. Comme la ration quotidienne était distribuée sur le lieu de travail, ceux qui restaient dans le camp étaient condamnés à ne pas manger.

Dans la journée, de temps en temps, les SS avaient besoin de main-d'œuvre. Ils savaient qu'il y avait des détenus qui étaient restés cachés dans les baraques. Nous sortions alors de nos cachettes, dans l'espoir d'avoir une soupe. Un jour, j'ai été choisi pour une « corvée de viande », mais en fait de corvée de viande, on nous a fait charger des cadavres sur un camion qui les transportait au crématorium de Buchenwald. C'était la première fois que j'apercevais ce camp.

Un autre jour, il y a eu une nouvelle « corvée de viande », mais une vraie cette fois ! Un SS, accompagné d'un kapo, m'a désigné, avec d'autres, pour aller dans une boucherie chercher du ravitaillement pour la cuisine du camp SS. À cette occasion, j'ai rencontré Louis Beuvin, un prisonnier de guerre français qui travaillait dans la boucherie.

Une autre fois, un SS m'a choisi avec Henry Ehrenberg, un Juif polonais de 27 ans, pour travailler dans la cantine des SS. Il fallait faire le ménage, mettre les fûts de bière en

---

31. Ohrdruf est le tout dernier des camps ouverts par les nazis à l'automne 1944. 25 000 détenus y ont été enregistrés pour servir de main-d'œuvre, ont construit des tunnels et des armes V1 et V2.

pression et la servir. C'était une planque de rêve ! Pour y rester le plus longtemps possible, nous avons convaincu le SS de nous garder les jours suivants. Le chef de camp, de nationalité russe, voulait pourtant nous remplacer par deux de ses compatriotes. Mais le SS nous a gardés car nous lui inspirions davantage confiance.

D'un côté, il y avait la cuisine et de l'autre, la salle où les Allemands prenaient leurs repas. Ehrenberg et moi récupérions les restes de soupe puis, grâce aux autres déportés travaillant à la cuisine, nous avons bientôt eu de la soupe à volonté. Nous mangions désormais à notre faim ! Je me souviens qu'avec le SS qui nous gardait, nous allions chercher des petits tonneaux de bière à la brasserie et nous les transportions jusqu'à la baraque. Nous les descendions à la cave avant de les mettre en perce. Nous servions ensuite cette bière à la pression. Si mon copain Henry était très intelligent, il était aussi très maladroit. Et je préférais décharger les tonneaux sans son aide. J'avais peur qu'il me blesse car j'aurais été alors contraint d'arrêter ce travail ! Moi, j'avais une technique très au point pour faire rouler les fûts. De cette façon, Ehrenberg et moi nous sommes refait une santé et avons repris des forces…

« Nous marchions vers la liberté ! »

Au début de l'année 1945, Ehrenberg et moi avons commencé à parler d'évasion. En 1944, grâce aux nouveaux arrivants, nous avions entendu parler du Débarquement. Comme il y avait un poste de radio à la cantine et que nous l'écoutions en cachette, nous savions que les Allemands, de plus en plus nerveux, étaient en train de perdre la guerre. Nous avions déjà récupéré du poivre et de l'essence pour asperger nos vêtements afin que les chiens ne nous retrouvent pas. Grâce au travail à la cantine, nous avions un grand privilège : notre gardien nous ramenait au camp après la fin de l'appel du soir. Les comptes se faisaient donc sans nous.

Au mois d'avril 1945, dès que nous avons su que le camp allait être évacué et que ça allait sans doute être le chaos, Ehrenberg et moi avons décidé de tenter le tout pour le tout. Il faut dire aussi que les SS de 1945 n'étaient plus ceux que nous avions connus à Auschwitz en 1942. Ce n'étaient plus des nazis endoctrinés dans les Jeunesses hitlériennes, mais des soldats de fortune, mobilisés dans les pays de langue allemande occupés par la Wehrmacht pour remplacer les SS partis sur le front. La plupart n'avaient d'ailleurs qu'une idée en tête : rentrer chez eux pour retrouver femme et enfants. Notre gardien était d'origine hongroise, coiffeur et père de famille. Alors, avec Ehrenberg, nous lui avons dit : « Si vous nous sauvez, on vous sauve ! » Lui qui rêvait de déserter a accepté… Le plan était de rester dans la cantine et de nous évader à la nuit tombée. Si nous étions découverts, Ehrenberg avait prévu de dire que nous étions restés dans la baraque des SS pour récupérer les précieux équipements permettant de mettre les fûts en perce.

Lorsque l'évacuation a été annoncée pour le lendemain matin, Ehrenberg et moi ne sommes pas rentrés au camp. Mais nous ne sommes pas parvenus à nous enfuir pour autant ! Notre chef de cantine, sorti inspecter les environs, nous avait en effet prévenus que, pour éviter la désertion des soldats allemands, le camp était désormais gardé par des SS ukrainiens en uniforme noir. Terrorisés, nous avons alors décidé de nous réfugier dans la cave. Mais, le lendemain, le chef de camp s'est rendu compte de notre absence et est venu nous chercher en nous menaçant de nous tuer !

Ehrenberg et moi sommes rentrés au camp avec lui, complètement morts de peur. Nous portions tous les deux les caisses qui transportaient les ustensiles nécessaires à notre travail. En arrivant devant l'entrée du camp, nous avons aperçu une file de détenus, la dernière centaine qui attendait l'ordre de départ. Une voiture avec des officiers est passée. Le chef de camp les a salués et, vite, Ehrenberg et moi nous sommes glissés parmi les détenus et avons commencé à marcher.

Nous sommes rapidement arrivés à la hauteur de la cantine devant laquelle notre complice SS se tenait. Nous avons alors fait un quart de tour et nous sommes dirigés vers lui en marchant au pas, comme si de rien n'était… Avec nos caisses, qui aurait pu penser que nous allions nous évader ? Un copain s'est écrié : « Henri, où tu vas ? »… Je n'ai pas répondu. Une fois dans la baraque, nous nous sommes glissés entre le plafond et le toit et, la nuit suivante, le 3 avril 1945, avec nos caisses sous le bras, nous sommes enfin sortis. Notre chef marchait derrière nous et nous, nous marchions vers la liberté !

Nous sommes arrivés dans une rue d'Ohrdruf. Personne dehors. Les habitants semblaient s'être réfugiés dans les abris. Nous y sommes allés pour chercher Louis Beuvin et les propriétaires de la boucherie. Ehrenberg avait trouvé des bouteilles de vin et on a fait boire notre chef, qui, vu les circonstances, en avait bien besoin ! Il commença à discuter avec une femme et sembla nous oublier. On n'allait quand même pas le tirer par la manche… et il fallait que chacun continue à jouer son rôle ! Ehrenberg et moi sommes donc sortis pour aller frapper à la boucherie Walter Groll où travaillait Louis Beuvin. La porte s'est ouverte. La famille était attablée. Louis, qui devait avoir 25 ou 26 ans, nous a trouvé des vêtements de prisonniers de guerre, avec un grand « KG » *(Kriegsgefangener)* inscrit dans le dos. Il m'a donné un couteau en me disant « On ne sait jamais ! » et un semblant de pièce d'identité sans photo. Puis nous sommes restés cachés toute la nuit dans le grenier.

Le lendemain, le 4 avril, nous avons vu les premiers chars américains entrer dans la rue principale. Mais nous ne nous sommes pas montrés. Nous étions libres, mais nous restions prudents. Nous avons attendu le jour suivant pour sortir et aller à leur rencontre. Nous ressentions alors un besoin urgent de raconter, de faire savoir ce qui s'était passé. Nous avons trouvé deux soldats américains qui comprenaient l'allemand et nous leur avons tout raconté ! Mais nous étions si excités que nous parlions extrêmement rapidement et que nos histoires ont dû leur paraître complètement invraisemblables. Nous leur avons alors proposé de les conduire au camp, et c'est donc en Jeep que nous y sommes retournés. Les cadavres répandus sur la place d'appel, la découverte des charniers où les corps pourrissaient, l'odeur épouvantable… les ont horrifiés.

En sortant du camp, nous avons vu des prisonniers allemands encadrés par des soldats américains. Je portais une veste de prisonnier de guerre, des bottes d'officier et une badine que j'avais trouvée dans le camp. Les soldats m'ont encouragé à frapper les prisonniers. Mais je suis resté penaud, incapable de faire un geste. C'est que les choses avaient changé. Je n'avais plus peur, je n'étais plus menacé. Et je suis retourné sans rien faire dans la Jeep… J'étais incapable de frapper des hommes désarmés.

Le 12 avril 1945, à la suite de notre initiative, l'état-major allié, parmi lequel se trouvaient les généraux Eisenhower,

Bradley et Patton, s'est rendu au camp. Ils étaient accompagnés de correspondants de guerre qui ont écrit les premières lignes sur ce qu'on n'appelait pas encore la Shoah. On sait qu'à cette occasion, sur la place d'appel d'Ohrdruf, le général Eisenhower a dit : « Maintenant, nos *boys* sauront pourquoi et contre qui ils se battent. »[32]

« Ma mère a vu son petit garçon revenir seul »

Le 13 avril 1945, dix jours après notre évasion, Louis Beuvin, six autres camarades prisonniers de guerre et moi avons décidé de rentrer en France par nos propres moyens. Nous sommes donc partis dans deux voitures allemandes que mes camarades avaient réquisitionnées. Alors que les prisonniers avaient dans leur bagage des tas de trucs qu'ils avaient amassés, moi, je ne rentrais qu'avec une simple musette dans laquelle j'avais mis des paquets de cigarettes américaines. Au bout d'une cinquantaine de kilomètres, la police militaire américaine nous a arrêtés en nous disant que nous n'avions pas le droit de circuler. Ils nous ont conduits dans un camp à Eisenach où il y avait beaucoup de Français, des prisonniers de guerre et des travailleurs du STO.

Trois jours plus tard, le 16 avril, nous avons pris le train et sommes arrivés en France, à Montigny-lès-Metz. Il y avait là un immense centre où les requis du STO et les prisonniers étaient rassemblés. Les autorités militaires les contrôlaient

32. Les Américains obligeront la population de Weimar et des environs à venir défiler devant les charniers et à ensevelir les cadavres.

puis leur délivraient une carte provisoire de rapatrié. Quand mon tour est arrivé, un employé m'a demandé mes papiers, mais je n'en avais évidemment pas ! J'avais 18 ans et l'air d'un gamin, mais je suis devenu immédiatement suspect... En plus, ils trouvaient que j'avais un accent allemand !

« Où étiez-vous ? » me demanda-t-il.

À Montigny-lès-Metz, personne n'avait encore vu de déportés. Buchenwald avait été libéré cinq jours plus tôt et le rapatriement n'était pas encore organisé.

« Auschwitz-Birkenau, Sachsenhausen, Oranienburg, Ohrdruf... » lui ai-je répondu.

Mes compatriotes prisonniers de guerre sont vite venus à mon secours en expliquant mon calvaire et ces hommes sont devenus prévenants et gentils... Je pense qu'ils se méfiaient des collaborateurs qui essayaient de se faire passer pour des prisonniers. Ils m'ont demandé s'il fallait prévenir quelqu'un de mon retour. J'ai donné l'adresse de mes grands-parents à Paris et celle de ma mère à Saint-Lambert-du-Lattay... Il n'y eut aucune réponse. J'ai su plus tard que mes grands-parents avaient été déportés un an après moi par le convoi n° 49[33] et gazés à l'arrivée, le 5 mars 1943.

Louis Beuvin reçut des nouvelles de sa femme. Il me proposa alors de partir avec lui pour Paris et de laisser ses coordonnées à Montigny au cas où les autorités recevraient un signe de vie de ma famille. À notre arrivée gare de l'Est, sa femme l'attendait. Elle était sur son « 31 », belle, parfumée. Il lui dit simplement : « Pour le gosse, je t'expliquerai ! »

33. Selon Serge Klarsfeld, le convoi n° 49, parti de Drancy le 2 mars 1943, transportait 1 000 personnes, dont 317 de plus de 70 ans. 881 hommes et femmes furent gazés à l'arrivée à Auschwitz-Birkenau. 100 hommes et 19 femmes furent sélectionnés pour le travail. Il n'y eut que 6 survivants.

Une voiture nous emmena jusqu'à Livry-Gargan, où ils habitaient et où Louis avait sa boucherie. Sa famille était réunie autour de la table et l'attendait. À notre arrivée, ils ajoutèrent un couvert. Mon premier repas en France, c'est avec eux que je l'ai pris ! Pendant que nous mangions, le téléphone sonna : « On a retrouvé ta mère, elle est au 159 de la rue du Château-des-Rentiers et elle t'attend ! » Alors que je quittai la table, Louis demanda timidement à sa femme s'il pouvait me donner un peu de viande. Elle lui répondit : « C'est toi le patron ! Tu es ici chez toi. » Il mit son tablier et coupa un bifteck pour chaque membre de ma famille. Je mis le tout dans ma musette, sautai dans un taxi que Louis avait déjà dû payer et je me rendis au 159 de la rue du Château-des-Rentiers. Ma mère, à la fenêtre du troisième étage, m'attendait. Elle vit son petit garçon qui revenait de la guerre, mais qui rentrait seul.

Retrouver ma mère et mes cinq frères et sœurs fut un immense bonheur. L'un de mes camarades a écrit que la liberté avait commencé le jour où il avait serré sa mère dans ses bras. Ce fut la même chose pour moi.

Aucun des membres de ma famille ne m'a posé de questions. Je ne me souviens pas leur avoir dit que mon père, Bernard et Denise étaient morts, qu'il ne fallait pas les attendre et que mes grands-parents maternels ne reviendraient pas non plus. Mais je n'imagine pas non plus ne pas leur avoir dit... Au camp, j'avais appris par Jacques Klinger que mon père était mort un mois et demi après notre arrivée, en septembre 1942, et que mon frère, lui, était mort en novembre. Mais il n'a pas pu me dire comment. Pour ma sœur, je n'ai jamais rien su. Et puis, au bout d'un mois, tous les survivants étaient soit rentrés, soit hospitalisés, et l'avaient fait savoir...

Ma mère a découvert que son fils parlait yiddish. Elle se moquait d'ailleurs gentiment de moi parce que j'avais, disait-elle, un accent *polak*... Je ne parlais de la déportation qu'avec mes anciens camarades, mais pas aux autres. Ce n'était pas racontable. Aucune réalité n'aurait pu correspondre aux mots que j'aurais employés. D'ailleurs, personne ne me posait de questions.

Les Justes

À mon retour des camps, j'ai appris comment ma mère, France, Raymonde, Odette, Madeleine, Roger et Léon, l'aîné, avaient survécu. Un an après notre arrestation, le gendarme du village, Monsieur Baudet, avertit ma petite sœur Odette : « Retourne vite chez toi et dis à ta mère que les Allemands vont venir vous arrêter... Il faut vous sauver très vite, vous cacher. Si elle ne sait pas comment faire, qu'elle aille voir le maire du village, Monsieur Français, il vous aidera ! »

Ma mère se précipita chez le maire qui lui dit de préparer ses affaires et qu'il enverrait quelqu'un la chercher, elle et ses enfants, dans la nuit. Les gens du village furent formidables avec maman. Madame Béliard, sa guérisseuse, une femme pieuse et charitable, lui donna toutes ses économies : « Vous en aurez besoin plus que moi. » Monsieur Alain Aubry, un secrétaire de mairie, lui fournit de fausses cartes d'identité. Monsieur Bartélémy, un épicier qui habitait à un kilomètre de Saint-Lambert, donna à mon frère Roger, alors âgé de 14 ans, tout ce qu'il pouvait emporter : « Tu diras à ta mère qu'elle me paiera après la guerre. » Enfin, Jacques Blanchard, le fils d'un notable du village, vint chercher maman et ses cinq enfants et les emmena à Angers. Là, un homme, Paul Justau, les attendait pour les conduire chez lui. Il leur offrit le gîte et le couvert et, le lendemain, les conduisit chez sa sœur, Madame Laurenceau, une châtelaine vivant à Champtocé-sur-Loire. Mes frères et sœurs me racontèrent plus tard que c'était une femme autoritaire, dure, mais elle leur a sauvé la vie... une vie que j'ai apprise difficile et clandestine, inquiète et miséreuse.

Madame Laurenceau cacha ma mère, France, Raymonde, Odette, Madeleine et Roger dans une maison abandonnée, en lisière de forêt. Mon frère aidait le jardinier du château et, en échange, ramenait sans doute des légumes ; Odette s'occupait du petit dernier et avait le droit d'emmener du lait. Des gens qui vivaient près du château leur ont apporté un matelas, une table, une armoire...

Ces gens n'étaient sans doute pas des résistants, certains étaient peut-être même pétainistes, mais qu'importait, il y avait des choses qu'un homme, catholique qui plus est, ne pouvait ni accepter ni tolérer. Tous firent donc ce qu'ils pouvaient pour aider cette famille sans ressources qui ne pouvait plus recevoir de tickets de rationnement pour nourrir ses enfants. Pour moi, ces personnes sont des Justes[34].

Environ six mois plus tard, la châtelaine demanda à ma famille de partir. Trop de gens étaient au courant dans la région

---

34. La commémoration des « Justes parmi les nations » (l'expression vient de l'hébreu *Hassidei Oumot ha-olam*, « hommes pieux des nations du monde ») est instituée à partir de 1961 par le gouvernement israélien et l'Institut Yad Vashem, à Jérusalem. Ce titre distingue chaque homme ou femme qui, au péril de sa vie, ou de son rang social, sauva des Juifs. La plantation d'un arbre dans l'allée des Justes de Yad Vashem, un diplôme et une médaille symbolisent aujourd'hui cette reconnaissance. Au 1er janvier 2007, 21 758 personnes, dont 2 740 Français, avaient reçu le titre de Juste.

et la situation devenait dangereuse pour tout le monde. Ils retournèrent alors à Paris, où se cachait Léon. Ils restèrent chez lui quelques jours, puis retournèrent dans notre ancien appartement où des scellés avaient été posés. Il avait été vidé, il n'y avait plus ni vaisselle ni meubles[35], mais ils habitèrent là, à découvert, sans plus se cacher, jusqu'à la libération de Paris, en août 1944.

Mon frère Léon me raconta ses combats en tant que résistant. À la tête d'un groupe armé, il avait participé à la libération de la capitale ! C'était le « lieutenant Loulou », légèrement blessé à la tête et à l'épaule droite, repartant immédiatement au combat après avoir été soigné à l'hôpital de la Pitié, libérant la mairie du XIIIe arrondissement... Puis il s'était engagé dans la Ire armée où, lieutenant du colonel Fabien, il avait participé à la campagne de France pour la libération du territoire.

---

35. Le pillage systématique des appartements perpétré par les autorités allemandes, la Dienstelle Western, n'a jamais reçu l'aval de l'État français, même si certains Français l'ont facilité, ou en ont personnellement profité. Il frappe par sa radicalité et sa sauvagerie. Les logements laissés vacants sont entièrement vidés : mobilier, œuvres d'art, instruments de musique, linge de maison, vaisselle, vêtements, fournitures pour tailleur et cordonnier, papiers de famille (dont les polices d'assurance), jusqu'aux prises de courant et aux garnitures de cheminées ! Ces produits étaient distribués aux victimes allemandes des bombardements alliés, surnommés par les nazis « bombardements juifs »...
En 1997, sous l'impulsion de Serge Klarsfeld, le Premier ministre Alain Juppé charge Jean Mattéoli d'une « mission d'étude sur les conditions dans lesquelles des biens immobiliers et mobiliers appartenant aux Juifs ont été confisqués [...] ou acquis par fraude, violence ou vol » ; selon les résultats de cette mission, 69 619 logements auraient été vidés dans l'Europe de l'Ouest occupée jusqu'en juillet 1944, dont 38 000 en France.

« Je ne suis pas devenu tortionnaire, je suis devenu médecin »

Être à nouveau libre, embrasser ma mère, mes frères et sœurs, manger à ma faim, dormir dans l'appartement qui était le nôtre avant la guerre était un immense bonheur ! J'avais presque 18 ans, je regardais les filles, je les trouvais belles, je voulais profiter intensément de la vie, lire, rire, m'amuser… Mais il fallait trouver de quoi vivre, car j'étais revenu orphelin de père dans une famille nombreuse dévastée par la guerre. Comme j'étais resté en contact avec les anciens du camp, on continuait à s'entraider, on se donnait les adresses des endroits où récupérer un pantalon, un lit, de la nourriture…

Je voulais mettre mon énergie au service des autres et j'avais terriblement envie d'étudier, de découvrir la culture, d'entreprendre mille et une choses. Mais j'avais perdu trois ans, j'écrivais phonétiquement, je n'avais que le certificat d'études primaires… On ne voulait de moi dans aucun établissement secondaire et on me répondait que me faire entrer en sixième aurait été ridicule ! Le directeur d'un cours complémentaire, un ancien collaborateur, finit pourtant par m'accepter. Je m'étais en effet présenté sur les conseils d'un responsable du service d'aide aux victimes de guerre avec une lettre de recommandation à l'en-tête des organisations de Résistance ! Il m'a inscrit en troisième. J'étais ravi mais inconscient du défi que cela représentait. J'ai travaillé comme un forcené et, l'année suivante, je suis rentré directement en première au lycée Saint-Louis. Malgré mes efforts et mon travail, j'ai eu beaucoup de mal à combler mon retard, mais je ne me suis jamais autorisé l'échec et j'ai obtenu mon premier bac en 1947[36], à la session de septembre. J'ai alors décidé de m'orienter vers des études de médecine ; mon ami Désiré Hafner était, lui, déjà médecin et j'avais envie de suivre sa voie. Une fois mon bac en poche, j'ai couru m'inscrire à la fac. Je n'avais pas le niveau de la sixième en rentrant d'Allemagne et, deux ans et demi plus tard, je suis rentré à la faculté !

À l'époque, il fallait impérativement avoir le diplôme de PCB – physique, chimie, biologie – pour entrer en première année de médecine. Et c'est à ce moment-là que j'ai commencé à cracher du sang : j'avais la tuberculose. Alors que j'avais tout fait si vite, j'ai dû brutalement m'arrêter et aller me soigner en sanatorium. Comme tous mes camarades d'infortune, j'espérais être envoyé à Saint-Hilaire-du-Touvet, dans les Hautes-Alpes. Qui plus est, il y avait un « sana » de jeunes filles à proximité… Mais ce fut en Allemagne, à Friedenweiler, dans la zone d'occupation française, que j'ai dû aller ! Je suis resté une petite année avant de demander à partir parce que je m'impatientais… Les médecins ont accepté mais à une seule condition : je devais poursuivre mes études à Strasbourg, et non à Paris, ville jugée trop fatigante…

J'ai donc repris mes études au mois de mars 1949. Tout avait été organisé : j'avais une chambre dans une résidence étudiante, un droit d'accès au restaurant médico-social, un rattrapage pour tous les travaux pratiques… Pourtant, au mois de juin, pendant l'épreuve de biologie animale du PCB, je suis tombé dans les pommes devant le professeur ! On m'a relevé et on m'a allongé sur un banc. Plus tard, le professeur est venu me questionner. Je lui ai raconté mon histoire et,

36. Les épreuves du baccalauréat sont divisées en deux parties, une à la fin de la première et l'autre à la fin de la « classe de philosophie » ou de la « classe de mathématiques élémentaires ».

bienveillant, il m'a dit : « Quelle question voudriez-vous que je vous pose ? » Cela m'a redonné confiance, j'ai pu répondre aux questions et j'ai fini par avoir mon PCB ! Je suis donc entré à la faculté de médecine de Paris.

En troisième année, j'ai fait une rechute de tuberculose et j'ai dû retourner à l'hôpital. Quand j'en suis sorti, ma bourse avait été supprimée puisqu'elle dépendait du succès aux examens. Les services sociaux sont intervenus, mais j'ai fait toute mon année sans ressources. Pour survivre, je vendais des montres suisses que me confiait un copain... En fin d'année, on me versa cette bourse en une seule fois. En arrivant chez moi, j'ai jeté ce paquet d'argent sur la table : « On part en vacances ! » Et nous sommes tous allés à Saint-Gilles-Croix-de-Vie !

À la fin de la cinquième année, comme tous mes collègues, je devais commencer à faire des remplacements. Le premier que j'ai fait, c'était à Aubervilliers, chez mon ami Désiré Hafner !

« La Shoah n'a pas vacciné le monde »

Dans les années qui ont suivi mon retour, personne ne posait de questions. Personne ne cherchait à savoir. C'est le procès d'Adolf Eichmann[37], à Jérusalem, qui a fait évoluer les choses.

---

37. Adolf Eichmann, qui avait dirigé le Bureau des affaires juives de l'Office central de sécurité du Reich et organisé les déportations vers Auschwitz, est jugé à Jérusalem d'avril à novembre 1961, au cours d'un procès retentissant qui attire pour la première fois l'attention de l'opinion internationale sur la Shoah. Il révèle en effet au monde entier l'atrocité des crimes nazis. Déclaré coupable, Eichmann est condamné à mort et pendu le 1er juin 1962. Son corps est incinéré et ses cendres dispersées dans la mer, au-delà des eaux territoriales d'Israël.

Puis il a fallu la série américaine *Holocauste*[38] et le film *Shoah*[39] de Claude Lanzmann pour déclencher la curiosité, le désir de savoir, le besoin de faire appel aux survivants pour qu'ils racontent ce dont ils avaient été témoins. En 1992, j'ai témoigné pour la première fois devant une caméra. Je venais d'apprendre qu'un groupe de douze jeunes femmes universitaires, présidé par l'historienne Annette Wieviorka, recueillait des témoignages des survivants de la Shoah. La même année,

---

38. Ce téléfilm américain, réalisé par Marvin Chomsky d'après un scénario de Gerald Green en 1978, montre l'extermination des Juifs d'Europe à travers le destin croisé de deux familles berlinoises, l'une juive, l'autre nazie, entre 1933 et 1945.
À sa sortie, la série connaît un écho retentissant dans tout le monde occidental par l'ampleur de ce qu'elle faisait découvrir aux jeunes générations qui l'ignoraient et par le débat que soulevait le traitement hollywoodien de la Shoah. Vingt-huit pays en font l'acquisition, au premier rang desquels la République fédérale allemande, où sa diffusion provoque une immense émotion. *Holocauste* s'avère être une étape décisive dans l'expression publique du génocide et dans son mode de représentation à l'écran.
Si la série est très critiquée en raison de ses inexactitudes historiques, elle a le mérite de pousser les historiens à rechercher un autre mode de transmission véhiculé par l'image : le témoignage filmé.

39. Le film de Claude Lanzmann sort sur les écrans en 1985. Le titre choisi par le réalisateur – *Shoah* désigne dans la Bible une catastrophe soudaine – permet la reconnaissance historique de ce terme pour désigner l'assassinat des Juifs d'Europe pendant la Seconde Guerre mondiale.
Considérée dans le monde entier comme un événement cinématographique et historique majeur, cette œuvre, d'une durée de neuf heures et quinze minutes, rompt avec tous les modes de représentation tentés jusque-là au cinéma. Claude Lanzmann filme exclusivement les lieux du génocide, la parole des survivants, notamment de ceux, très peu nombreux, des Sonderkommando, celle des bourreaux et des observateurs. Aucune image d'archives donc, mais des traces révélées par les lieux, les voix, les visages.

le procès Touvier[40] m'avait convaincu de l'importance de raconter. Je les ai rejointes et j'ai travaillé avec elles.

Plus tard, lors de la pose d'une plaque commémorative au Grand Séminaire d'Angers, nous nous sommes tous retrouvés chez ma sœur Madeleine, qui possède une maison dans la région. En prenant l'apéritif debout dans le jardin un verre à la main, alors que nous revenions de la cérémonie, j'ai dit à mes frères et sœurs que j'étais étonné par le fait qu'ils ne m'aient jamais posé de questions sur les derniers moments de papa, Bernard et Denise. À ce moment-là, ma sœur Odette s'est évanouie. On la releva et on changea de sujet. C'était encore pour eux quelque chose d'insupportable…

Et puis, en 1995, Serge Klarsfeld m'a proposé de l'accompagner à Auschwitz avec des élèves de troisième. Voici les mots qu'il employa pour me présenter :

« Henri Borlant avait 15 ans, votre âge, quand il a été déporté. Il est le seul survivant des 6 000 enfants juifs de France de moins de 16 ans déportés à Auschwitz en 1942. »

C'est pour cela que je n'ai pas le droit de me taire.

Il y a eu d'autres génocides depuis la fin de la guerre, au Cambodge, au Rwanda… Ce qui a eu lieu peut recommencer. Il y a encore des massacres, des gens qu'on exclut, qu'on rejette, qu'on honnit. La Shoah n'a, hélas, pas vacciné le monde.

---

40. Lors du procès de Paul Touvier, le chef de la milice lyonnaise, la chambre d'accusation de Paris rend d'abord un non-lieu fondé sur l'interprétation de la définition du crime contre l'humanité donnée par la Cour de cassation en 1988. Celle-ci précisait que le crime devait être commis « au nom de l'État pratiquant une politique d'hégémonie idéologique ».
Le tribunal considéra que Vichy n'ayant pas pratiqué une telle politique, ses fonctionnaires ne pouvaient pas être jugés comme ceux du IIIe Reich.
Quelques mois plus tard, l'arrêt est cassé. Touvier comparaît en 1994 pour complicité de crime contre l'humanité. Il est condamné à la prison à perpétuité.

Nous, les survivants, témoignons aussi pour faire comprendre, en particulier aux jeunes, combien la démocratie est précieuse et combien nous avons été heureux de pouvoir à notre retour être des hommes libres dans une France où les droits de l'homme étaient à nouveau respectés. Je veux qu'on se rende compte jusqu'où peuvent mener la suppression des droits de l'homme et la fin de la démocratie. Pourtant celle-ci est, avec l'Europe, les seuls instruments que nous possédons pour préserver la paix. Ne les gaspillons pas, améliorons-les, enrichissons-les ! La démocratie est précieuse, mais elle est aussi fragile. Nous l'avons payée cher pour en comprendre le prix. Ce sont les Juifs qu'on a assassinés, mais c'est à l'humanité qu'on a porté atteinte.

C'est pour cela qu'on ne peut pas parler de pardon. Les nazis n'ont pas de circonstances atténuantes. Et puis je ne me souviens pas avoir vu les criminels nazis se bousculer pour demander pardon. De toute façon, seules les victimes, les hommes qu'ils ont tués, seraient habilitées à pardonner. Elles ne peuvent plus le faire. Il ne faut ni pardon, ni oubli ; les sociétés n'ont pas besoin de pardon, elles ont besoin de justice, et de protection. Le devoir du citoyen n'est pas de pardonner, mais de protéger l'homme et la démocratie.

Je ne suis pas fatigué de parler. Je pourrai parler jusqu'à la fin, même si je suis conscient que les mots sont insuffisants et qu'une partie de ce que nous avons vécu demeure intraduisible. À chaque fois, je suis bouleversé… Parler, c'est retrouver la dignité que nous avons perdue à Auschwitz. Un jour, après avoir témoigné dans un lycée, un jeune élève m'a écrit : « Merci d'avoir survécu. »[41]

---

41. *Merci d'avoir survécu* est le titre du livre écrit par Henri Borlant en 2011, dans lequel il raconte l'histoire de sa famille et sa déportation.

Rachel et Aron Borlant dans les années 1920.

Henri est le deuxième assis au centre.
Il est entouré de ses frères Roger (à gauche) et Bernard
(au-dessus, à droite, en pull rayé).

Henri en tenue d'écolier dans les années 1930.

Henri avec deux de ses sœurs, en Anjou, en juin 1942 : Raymonde (à gauche) et Denise (à droite), qui mourra en déportation.

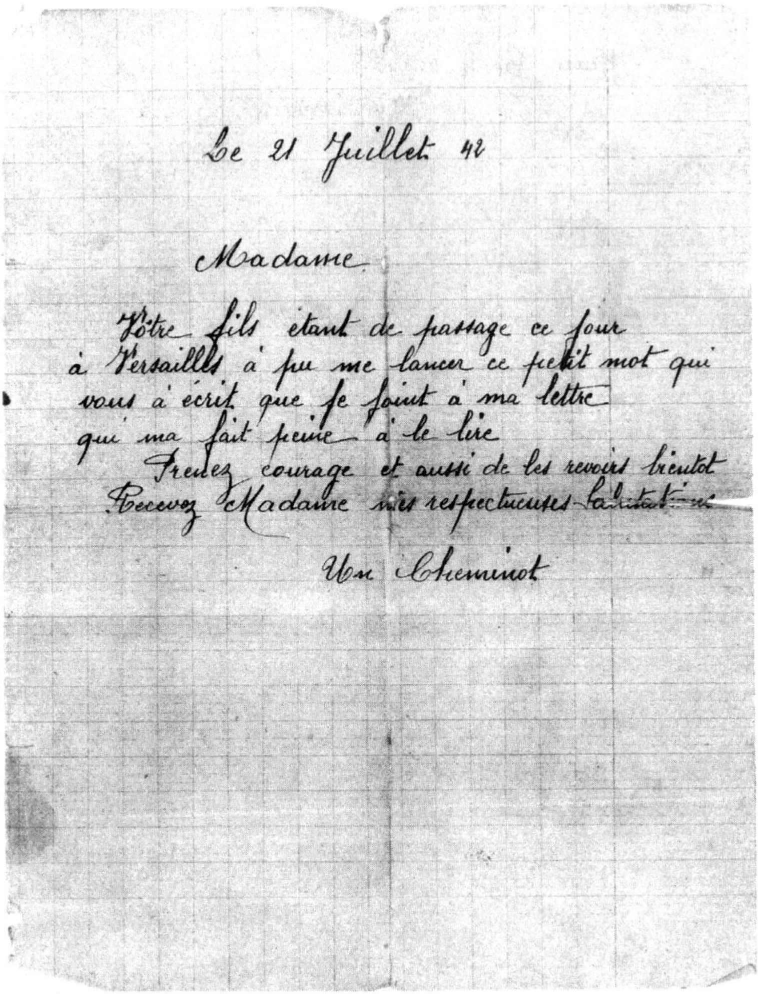

Le 21 Juillet 42

Madame

Votre fils étant de passage ce jour
à Versailles à pu me lancer ce petit mot qui
vous à écrit que je joint à ma lettre
qui ma fait peine à le lire
Prenez courage et aussi de les revoirs bientot
Recevez Madame mes respectueuses salutations

Un Cheminot

Lettre du cheminot qui a ramassé la lettre écrite par Henri à sa mère le 21 juillet 1942, le lendemain du départ pour Auschwitz.

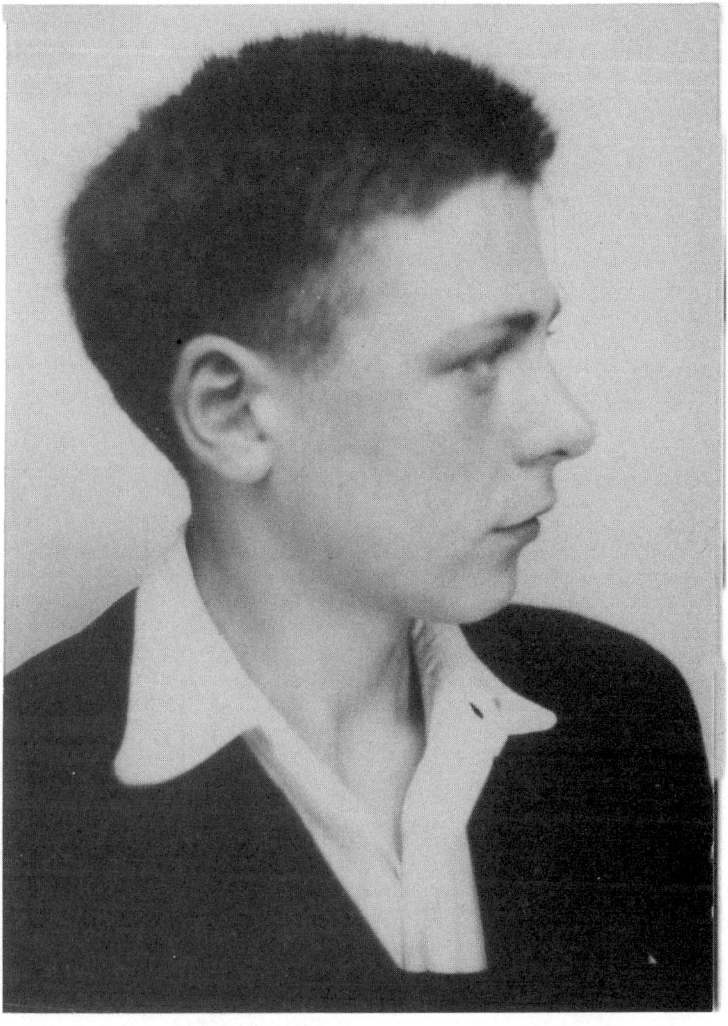

Henri à son retour des camps, en 1945.

Henri, en 1948.

POUR APPROFONDIR

Clés de lecture

Séquence 1 / Ida Grinspan

Du début (p. 17) jusqu'à « C'est ce que les gens autour de moi répétaient » (p. 29)

Action et personnages

1. Quel portrait Ida Fensterszab fait-elle d'elle-même (famille, âge, scolarité, activité…) ?
2. Comment découvre-t-elle l'existence de l'antisémitisme ?
3. Où trouve-t-elle refuge ?
4. De quel chantage Alice est-elle victime ?
5. À quel âge Ida est-elle arrêtée puis déportée ?

Genre ou thèmes

6. Relevez les principaux traits de caractère d'Ida.
7. Relevez les remarques qui révèlent sa naïveté. Celle-ci est-elle compréhensible ?
8. Analysez le comportement des Français à l'égard des Juifs.
9. Quel rôle le hasard (ou la chance) joue-t-il (elle) d'emblée pour elle ?

Langue

10. Relevez trois manières différentes de traduire le temps.
11. Relevez trois manières différentes de traduire la cause.
12. Dans la phrase « Des journaux en parlaient également » (p. 19), donnez la nature et la fonction de « en ».

Écriture

13. Décrivez les pensées et les réactions du frère d'Ida se faisant traiter de « sale Juif ».

Pour approfondir

À retenir

« En » et « y » sont des adverbes de lieu qui signifient « de là », « là ». Ce sont aussi des pronoms adverbiaux (appelés également adverbes pronominaux). « En » équivaut alors à « de lui », « d'elle(s) », « d'eux », « de cela ». « Y » équivaut à « à lui, à elle(s) », « à eux », « à cela ».

Clés de lecture

Séquence 2 / Ida Grinspan

Depuis « Le matin du quatrième jour » (p. 29)
jusqu'à « sans être jamais inquiétée » (p. 50)

Action et personnages

1. Qu'est-ce qui paraît le plus monstrueux à la jeune Ida ?
2. À quels travaux Ida est-elle successivement condamnée ?
3. Qui est Suzanne Schwartzmann ? Quel est son rôle ?
4. À qui et à quoi Ida attribue-t-elle sa survie ?

Genre ou thèmes

5. Identifiez les motifs de peur.
6. Comment la jeune Ida prend-elle progressivement conscience de sa situation ?
7. Analysez la progression du tragique dans tout l'épisode intitulé « L'histoire d'une révolte ».
8. Analysez la manière dont Ida Grinspan fait le portrait de Wanda Ossowska.

Langue

9. Comment comprenez-vous l'expression « Ma vie [a tenu] à un cheveu » ? Quel est ordinairement son sens ? Quel est-il dans ce contexte précis (p. 31) ?
10. Relevez au moins un exemple d'adjectif qualificatif employé au superlatif.
11. « Sans la solidarité, je ne serais pas là aujourd'hui » (p. 40) : remplacez cette proposition indépendante par une proposition principale et une proposition subordonnée.

Écriture

12. Libérée, Ida Grinspan écrit à Wanda Ossowska : rédigez cette lettre.

À retenir

Dans le cas des adjectifs qualificatifs, on exprime de trois façons le degré plus ou moins élevé d'une qualité : par le positif (« elle est belle »), par le comparatif (« elle est plus belle que sa voisine »), par le superlatif (« elle est la plus belle de toutes » (superlatif relatif) ou « elle est très belle » (superlatif absolu).

Clés de lecture

Séquence 3 / Ida Grinspan

Depuis « Le matin du 30 avril 1945 » (p. 50) jusqu'à la fin (p. 57)

Action et personnages

1. Dans quelles conditions la jeune Ida est-elle libérée ?
2. Comment rentre-t-elle en France ?
3. Comment y est-elle accueillie ?
4. Quelles séquelles, physiques et morales, conserve-t-elle ?
5. Pourquoi témoigne-t-elle depuis vingt ans ?

Genre ou thèmes

6. Quels passages vous semblent les plus pathétiques ?
7. En quoi la toute dernière phrase de son témoignage relève-t-elle du registre tragique ?
8. Quels sont les rares, brefs et involontaires moments comiques ?

Langue

9. Analysez les formes verbales suivantes : « [cet avion] avait été annoncé » ; « j'ai été admise » ; « je me suis donc installée ».
10. Analysez la forme « en nous disant » dans la phrase « Ginette nous a rassurées [...] en nous disant que les Américains allaient revenir » (p. 51).
11. Analysez la fonction du groupe « des femmes » dans la phrase « Nous avons vu des femmes courir dans tous les sens » (p. 51).

Écriture

12. « Ce fut un bonheur tel que jamais je ne l'ai oublié ! » (p. 54), dit Ida Grinspan à propos de son retour, tandis qu'elle survole la France à bord d'un avion. Décrivez ce bonheur.

À retenir

Un verbe possède trois modes dits impersonnels : l'infinitif, forme nominale du verbe (« travailler »), le participe présent (« travaillant jour et nuit ») ou passé (« une journée travaillée ») et le gérondif, forme adverbiale du verbe (« en travaillant »).

Clés de lecture

Séquence 4 / Henri Borlant

Du début (p. 67) à « un zèle tout particulier à appliquer la “solution finale” » (p. 72)

Action et personnages

1. De quel pays sont originaires les Borlant ?
2. Pourquoi émigrent-ils en France ?
3. Que fait le jeune Henri à Paris ?
4. Où se réfugie-t-il avec sa famille ?

Genre ou thèmes

5. Comment l'Histoire influe-t-elle sur le sort des Borlant ?
6. Relevez les éléments de culture juive auxquels il est fait allusion.
7. Comment les Borlant cherchent-ils concrètement à s'intégrer ?
8. Quel regard Henri Borlant, devenu adulte, jette-t-il sur l'enfant qu'il fut ?

Langue

9. Définissez les mots suivants : « casher », « yiddish », « naturalisés ».
10. Que signifie l'expression « solution finale » ?
11. « Je suis le quatrième » : donnez la nature et la fonction du mot « quatrième ».
12. « Mon père savait que tant que la guerre durerait, il valait mieux ne pas être juif » (p. 70) : analysez les propositions de cette phrase.
13. Analysez la forme verbale « durerait » dans la phrase précédente, et justifiez son emploi.
14. Quels sont les temps du passé les plus fréquemment utilisés ?

Écriture

15. Imaginez les réactions du jeune Henri contraint de quitter Paris.

À retenir

Il y a deux façons de relater des événements passés : soit en utilisant les temps verbaux du passé (imparfait, passé simple et passé composé de l'indicatif), soit, pour plus de vivacité, en utilisant un présent de l'indicatif, alors appelé « présent historique » ou « présent de narration ».

Clés de lecture

Séquence 5 / Henri Borlant

Depuis « J'avais à peine 15 ans » (p. 72) jusqu'à « nos *boys* sauront pourquoi et contre qui ils se battent » (p. 94)

Action et personnages

1. Dans quelles circonstances Henri Borlant est-il arrêté puis déporté ?
2. Quelles sont ses conditions de vie et de travail à Auschwitz-Birkenau ?
3. Reconstituez ses transferts de camp en camp.
4. Qui sont Henry Ehrenberg et Louis Beuvin ?
5. Dans quelles conditions Henri Borlant parvient-il à s'évader du camp d'Ohrdruf ?

Genre ou thèmes

6. En sachant que le pathétique est le registre de la souffrance, morale ou physique, quels passages vous semblent en relever plus particulièrement ?
7. Relevez au moins un exemple de solidarité concrète entre déportés.
8. Relevez des exemples de renversement de situation.

Langue

9. Définissez les mots et expressions suivants : « typhus », « dysenterie », « mettre en perce ».
10. Réécrivez la phrase suivante au style direct : « Aujourd'hui, quand on me parle de chance, je réponds que je ne sais pas si la survie est une question de chance » (p. 87).
11. Donnez, dans ce passage, deux exemples de complément d'agent.

Écriture

12. « Nous avons trouvé deux soldats américains qui comprenaient l'allemand et nous leur avons tout raconté ! » (p. 93) : racontez à la place d'Henri Borlant et d'Henry Ehrenberg.

À retenir

Le complément d'un verbe à la voix passive, dit complément d'agent, désigne l'être ou l'objet par lequel l'action est faite : il indique ainsi qui agit. Par exemple : « Pierre a été renversé par une voiture. » La forme active serait : « Une voiture a renversé Pierre. »

Clés de lecture

Séquence 6 / Henri Borlant

Depuis « Le 13 avril 1945 » (p. 94)
jusqu'à la fin (p. 105)

Action et personnages

1. Comment Henri Borlant rentre-t-il en France ?
2. Comparez ce qu'était la famille Borlant avant la guerre et ce qu'elle est à la fin du conflit.
3. Que devient Henri Borlant ? Quelles études poursuit-il ? Dans quelles conditions ?
4. Qu'est-ce qui le décide, des décennies plus tard, à témoigner sur sa vie de déporté ?

Genre ou thèmes

5. Quelle description Henri Borlant fait-il de l'immédiat après-guerre ?
6. Relevez les passages qui vous semblent relever du registre tragique.
7. En quoi son témoignage est-il autant un retour sur le passé qu'une ouverture sur l'avenir ?

Langue

8. « J'étais ravi mais inconscient du défi que cela représentait » (p. 100) : donnez la fonction de « du défi » ; quelles sont la nature et la fonction de « cela » ?
9. Qu'est-ce qu'un « Juste » ?
10. « Malgré mes efforts et mon travail, j'ai eu beaucoup de mal à combler mon retard » (p. 100) : remplacez cette proposition indépendante par une proposition principale et une proposition subordonnée.

Écriture

11. Expliquez pourquoi un lycéen a écrit à Henri Borlant ces quelques mots : « Merci d'avoir survécu. »

À retenir

Le tragique naît d'un conflit entre l'homme et des forces qui le dépassent et l'écrasent. Ces forces peuvent résulter d'une vengeance divine (dans le cas de la tragédie antique), d'une oppression politique ou même se confondre avec une grave maladie. L'homme prend soudain conscience qu'il n'est plus libre, qu'il n'est plus maître de son destin.

Analyse des thèmes

Henri Borlant est déporté le 20 juillet 1942 ; Ida Grinspan l'est près d'un an et demi plus tard, le 10 février 1944. Lui passe « vingt-huit mois » à Auschwitz-Birkenau ; elle, onze mois (puis trois autres mois à Ravensbrück). Comme tout témoignage, rédigé ou enregistré, leurs récits appartiennent au domaine autobiographique.

La solution finale

La comparaison des deux témoignages fait ressortir la planification mise au point par les nazis, dans le sort qu'ils réservent aux déportés. Quelle que soit la date à laquelle la déportation se produit et quelle qu'en soit la durée, le processus reste le même, en 1942 comme en 1944. L'internement est méthodique, la déshumanisation organisée et le travail volontairement absurde et épuisant. L'extermination en est la seule finalité. Tout est fait pour que les déportés finissent eux-mêmes par souhaiter mourir afin de mettre un terme à leurs souffrances et à leur désespoir.

Un internement méthodique

La déportation débute par un transport en chemin de fer dans des wagons à bestiaux surchargés, où, dans la peur et les excréments, l'on meurt d'étouffement. C'est d'emblée la plongée dans l'horreur : « Le voyage fut effroyable », note Henri Borlant ; ce fut « l'enfer », dit en écho Ida Grinspan.

Dès l'arrivée à Auschwitz, sur le quai même, les hommes sont séparés des femmes et des enfants. Sous les cris et les coups, tous doivent abandonner leurs maigres affaires. Se produit alors une première « sélection » : les enfants de moins de 14 ans et les adultes de plus de 40 ans, ainsi que les malades et les infirmes, sont directement conduits dans les chambres à gaz. Les autres peuvent franchir la porte du camp.

Poussés dans un baraquement, ceux-ci doivent entièrement se déshabiller et sont intégralement rasés (crâne, aisselles, pubis). Tandis que des « kapos » emportent leurs vêtements, d'autres leur tatouent un numéro matricule sur l'avant-bras gauche. Après une douche glacée, on leur jette des « haillons », « des vêtements humides », « des pyjamas rayés » pour qu'ils se rhabillent comme ils le peuvent. La moindre protestation déclenche une bastonnade.

Une déshumanisation organisée

Dans le même temps, les SS ravalent les déportés au rang d'animaux et leur enlèvent toute dignité. L'effroyable promiscuité du voyage et celle éprouvée dans les latrines collectives du camp interdisent toute forme de pudeur. La mise à nu abolit toute notion d'intimité. Le rasage oblige à « prendre des positions très humiliantes ». Tatoué, le déporté perd son identité propre : il n'a plus de nom, il est devenu un numéro. « Nauséabonde » et servie sans cuiller, la soupe contraint à « laper comme des bêtes ».

La vie humaine perd toute valeur. Coups de trique ou balle dans la tête, les SS tuent n'importe qui, n'importe quand, sans raison, voire pour le plaisir. Il suffit d'en croiser un. « Ici on entre par la porte et on sort par la cheminée », s'entendent constamment dire les déportés. C'est ne leur laisser aucun espoir. Soumis, frappés, humiliés, affamés, ils cessent d'être considérés comme des êtres humains : dans la terminologie nazie, ce sont des *untermenschen*, des « sous-hommes ».

Un travail volontairement absurde, épuisant, désespérant

Avant d'être tôt ou tard gazés, les déportés sont contraints de travailler : onze heures par jour, de 6 heures du matin à 17 heures, le ventre quasiment vide. Les premières semaines, le travail vise, par son absurdité, à les empêcher de se raccrocher à quoi que ce soit, à un quelconque sentiment d'utilité. Les déportés transportent de lourdes pierres ou de la terre d'un endroit à un autre, puis refont le même trajet en sens inverse. « La seule raison » en était « de nous faire crever un peu plus vite » (Henri Borlant). La corvée de « pluches » (Ida Grinspan), où des affamés trient des légumes que mangeront kapos et SS, est d'un sadisme tout aussi désespérant.

Le système concentrationnaire prenant une ampleur toujours plus monstrueuse, les déportés concourent eux-mêmes à l'extension des camps et à la construction de nouvelles chambres à gaz. Henri Borlant est ainsi affecté au « kommando de maçonnerie ». Quant à Ida Grinspan, elle se retrouve dans une usine d'armement, où elle monte des « détonateurs pour grenades » qui serviront aux nazis. Dans tous les cas, la moindre erreur, la moindre trace de faiblesse signent un arrêt de mort immédiat.

Les stratégies de la survie

À l'exception de l'évasion d'Henri Borlant à la faveur de l'avancée des Alliés, et de la révolte – sauvagement réprimée – des hommes qui firent sauter la chambre à gaz du « crématorium IV », l'action ne réside pas en des coups d'éclat. Celle-ci est humblement et quotidiennement héroïque. Il s'agit de survivre.

Survivre tient quasiment du miracle. Échapper aux « sélections » arbitraires et aléatoires, résister aux coups, à la faim, à l'épuisement, aux interminables « appels », ne jamais être là au mauvais moment demandent une réelle part de chance. Indispensable, celle-ci reste toutefois insuffisante.

Survivre exige en effet une capacité d'adaptation de tous les instants. Ida Grinspan se vieillit pour ne pas être classée parmi les mineurs de moins de 14 ans, voués à la chambre à gaz. Comme elle, Henri Borlant apprend très vite à comprendre les ordres des SS donnés en allemand. Tous deux avalent l'immangeable pour se donner une chance supplémentaire de survie, s'efforcent de conserver un minimum d'hygiène. Contre toute raison, ils espèrent rester en vie, pour « ne pas faciliter la tâche des SS, dont le but était de tous nous exterminer », explique Henri Borlant. Pour lui, la foi (qu'il perdra après Auschwitz) sera un réconfort.

Surtout, la solidarité est essentielle. « À Auschwitz, on ne survivait pas si on était seul. [...] On se confiait, on s'entraidait, on se soutenait », note Henri Borlant. Ida Grinspan dresse le même constat : « Sans la solidarité, je ne serais pas là », dit-elle. Il s'agit de s'encourager, de s'avertir d'une prochaine « sélection », d'aider l'autre à marcher, de le réchauffer, de transmettre, comme le dit encore Henri Borlant, « le fonctionnement, le mode d'emploi, les codes » de cet « enfer ».

Des figures d'exception

Ces deux récits sont peuplés d'ombres : ombres des « muselmans » (p. 81), qui, « d'une maigreur extrême », errent « comme des fantômes », et ombres des brûlés dans les crématoires. Ils sont aussi sinistrement traversés des tueurs, sans pitié ni remords, que sont les SS. Mais ils mettent également en lumière des figures d'exception et des « Justes ».

L'héroïsme au quotidien

La solidarité s'incarne en des déportés au dévouement et à l'héroïsme exceptionnels. Henri Borlant rencontre ainsi, « dans l'enfer de Birkenau », « trois hommes formidables » à qui il doit la vie : Jacques Klinger, qui travaille au secrétariat du « bloc 4 », Désiré Hafner, médecin de la « baraque », et Simon Gutmann, le « chef de cuisine ». Ida Grinspan reconnaît devoir la sienne à Suzanne Schwartzmann et à Wanda Ossowska, infirmière polonaise, qui la soigne lors de son hospitalisation au *Revier* (l'infirmerie du camp, où tout séjour équivalait à une condamnation à mort). Les quatre femmes qui fournissent aux hommes du « Sonderkommando » la poudre pour faire sauter le « crématorium IV » d'Auschwitz témoignent d'un courage et d'une dignité exemplaires. Démasquées, torturées, pendues, elles redonnent aux autres « de la force et de l'espoir ».

Certes, tous n'ont pas un tel comportement, comme le montre l'épisode du pull qu'Ida Grinspan crut donner à son père et qui finit sur les épaules d'un autre. Sobrement, elle observe que « tout le monde ne s'est pas toujours conduit de façon très digne. Et le rester, c'était déjà une victoire ». Comme Henri Borlant, elle préfère se souvenir des figures émaciées qui n'abdiquèrent pas, au mépris de leur propre vie et dans l'oubli de leurs propres souffrances.

Les Justes

En 1961 fut instituée par l'État d'Israël la commémoration des « Justes parmi les nations ». Ce titre de « Juste » honore et distingue celles et ceux qui, au péril de leur vie, sauvèrent des Juifs, quel qu'en soit le nombre. Nombre de Français se comportèrent comme des « Justes », même si tous ne reçurent pas cette distinction officielle. Le maire du village où s'est réfugiée la petite Ida refuse qu'elle porte l'étoile jaune. Si ce sont des gendarmes français qui viennent l'arrêter, ce sont d'autres gendarmes français qui préviennent la famille d'Henri Borlant de leur arrestation prochaine et, ainsi, leur offrent la possibilité de s'enfuir. Ici, une femme donne toutes ses économies, là un épicier de la nourriture, ailleurs d'autres proposent un hébergement : « Ces gens, note Henri Borlant, n'étaient sans doute pas des résistants, certains étaient peut-être même pétainistes, mais qu'importait, il y avait des choses qu'un homme, catholique qui plus est, ne pouvait ni accepter ni tolérer. »

Revivre malgré tout, mais à quel prix ?

La libération marque la fin de l'enfer. La redécouverte de la liberté, de joies simples comme de revoir sa famille, manger à sa faim ou dormir dans un lit, constitue « un immense bonheur ». Après tant de mois de malheurs, la rage de vivre n'en est que plus forte : « je voulais profiter intensément de la vie, lire, rire, m'amuser », se souvient Henri Borlant ; « j'étais jeune, j'avais envie de vivre », note de son côté Ida Grinspan.

Survivants des camps nazis, tous deux n'en reviennent pourtant pas indemnes. L'un et l'autre sont physiquement atteints, de la tuberculose et d'un « problème pulmonaire ». Pour tout bagage, ils n'ont que leur certificat d'études primaires. Comment se réinsérer ? Que faire ?

Et surtout que dire ? Les déportés savent qu'ils ont vécu l'indicible, l'inimaginable. Les mots leur manquent pour raconter l'irracontable. Et peu sont prêts à les entendre. Personne ne leur pose de questions et quand certains veulent bien les écouter, c'est pour très vite passer à autre chose : « C'était, dit Ida, comme si les réponses les effrayaient… » Entre eux et les autres, le camp continue d'être une barrière.

Ida Grinspan seconda son frère dans son atelier de confection. Henri Borlant est devenu médecin. Mais comment vraiment oublier ? Comment oublier les morts, les tortures, les crématoires ? Le tatouage de leur numéro matricule est indélébile. Par des chemins différents, tous deux consacrent leur vie à témoigner depuis de très nombreuses années. Les nazis voulaient non seulement exterminer les Juifs au seul motif qu'ils étaient nés juifs, mais encore effacer toute trace de leur passé, de leur histoire, de leurs noms, jusqu'au souvenir même de leur existence. Les témoignages d'Ida Grinspan et d'Henri Borlant (comme de tous les autres déportés) consacrent leur seconde défaite, idéologique et morale, après celle, militaire, de 1945 – défaite de l'antisémitisme et du racisme, qu'ils souhaitent définitive.

Bibliographie et filmographie

Les témoignages et essais sur Auschwitz-Birkenau, et plus généralement sur la Shoah, sont fort nombreux. La liste qui suit ne prétend donc pas être exhaustive. Sa première rubrique privilégie ce qui a trait aux enfants déportés.

Quelques témoignages

Léon Arditti, ***Vouloir vivre : deux frères à Auschwitz***, L'Harmattan, 1995.

Henri Borlant, ***Merci d'avoir survécu***, Le Seuil, 2011.

Thomas Buergenthal, ***L'Enfant de la chance***, Mercure de France, 2010 (version intégrale) ; Larousse, coll. « Les Contemporains, classiques de demain », n° 235, 2015 (extraits).

Nadine Heftler, ***Si tu t'en sors***, La Découverte, 1992.

Denise Holstein, ***Je ne vous oublierai jamais, mes enfants d'Auschwitz***, Éditions 1, 1995.

Ida Grinspan et Bertrand Poirot-Delpech, ***J'ai pas pleuré***, Robert Laffont, 2002.

Simone Lagrange, ***Coupable d'être née : adolescente à Auschwitz***, L'Harmattan, 1997.

Primo Levi, ***Si c'est un homme***, Julliard, 1987, réédition Presses Pocket, 1988.

Rywka Lipszyc, ***Le Journal de Rywka Lipszyc***, Calmann-Lévy, 2015.

Charlotte Schapira, ***Il faudra que je me souvienne***, L'Harmattan, 1994.

Eva Tichauer, ***J'étais le numéro 20832 à Auschwitz***, L'Harmattan, 1988.

Collectif, ***Traces de l'enfer. Six rescapés racontent l'horreur des camps***, Larousse, 2015.

> ◗ Préface de Georges Bensoussan. Récits d'Ida Grinspan, Marceline Loridan-Ivens, Sarah Montard, Henri Borlant, Charles Palant, Victor Pérahia. Les témoignages présentés dans cette édition sont tirés de cet ouvrage.

Essais et analyses

Giorgio Agamben, ***Ce qui reste d'Auschwitz : l'archive et le témoin***, Payot & Rivages, 1999.

Jean Améry, ***Par-delà le crime et le châtiment : essai pour surmonter l'insurmontable***, Actes Sud, 1994.

Bibliographie et filmographie

Georges Bensoussan, ***Auschwitz en héritage ? D'un bon usage de la mémoire***, Mille et une nuits, 1998.

Philippe Boegner, ***Ici, on a aimé les Juifs***, Jean-Claude Lattès, 1982.

François Emmanuel, ***La Question humaine***, Stock, 1999.

Marek Halter, ***Les Justes, ces héros inconnus***, Larousse, coll. « Les Contemporains, classiques de demain », n° 158, 2011.

Primo Levi, ***Le Devoir de mémoire***, Mille et une nuits, 1994.

Annette Wieviorka, ***Auschwitz expliqué à ma fille***, Le Seuil, 1999.

Annette Wieviorka, ***Déportation et génocide : entre la mémoire et l'oubli***, Plon, 1992.

Filmographie

Claude Lanzmann, ***Shoah***, 1985 ; DVD, 2003.

Claude Lanzmann, ***Sobibór, 14 octobre 1943, 16 heures***, 2001.

Claude Lanzmann, ***Le Dernier des injustes***, 2013.

Marceline Loridan-Ivens, ***La Petite Prairie aux bouleaux***, 2003.

James Moll, ***Les Derniers Jours***, 1998.

Marcel Ophuls, ***Le Chagrin et la Pitié***, 1969 ; DVD, 2001.

Alain Resnais, ***Nuit et Brouillard***, 1955 ; DVD, 2003.

Patrick Rotman, ***Les Survivants***, DVD, 2005.

Collectif, ***Auschwitz, témoignages***, DVD, 2010.

Sites Internet

De nombreuses ressources audiovisuelles sont disponibles sur Internet. On peut notamment consulter le site de la fondation pour la Mémoire de la Shoah (http://fondationshoah.org/FMS) et celui de l'INA (http://grands-entretiens.ina.fr/consulter/Shoah).

Une adresse

Mémorial de la Shoah, 17 rue Geoffroy-l'Asnier, 75004 Paris.

› Ce mémorial est un musée et un centre de documentation sur l'histoire de la Shoah. On peut consulter son site Internet :

www.memorialdelashoah.org

Crédits photographiques

Toutes les photographies appartiennent à Ida Grinspan et Henri Borlant, sauf page 13, Ph. Coll. Archives Larbor.

Impression : La Tipografica Varese Srl (Italie)
Dépôt légal : août 2015 – 314657/01
N° de projet : 11027071 – Août 2015